中公新書 2213

阿辻哲次著

漢字再入門

楽しく学ぶために

中央公論新社刊

はじめに

漢字は日本人にとっては空気と同じように、毎日の生活に欠かせないものですが、しかし空気に対する好き嫌いをいう人がいないのとちがって、漢字には人によって極端な好き嫌いがあります。

大学で学生諸君と話していてよく耳にするのは、小学生のころに毎日課題とされた漢字ドリルにまつわる「いまわしい思い出」であり、またかつて講義に出ていたある学生は、中学生のときに通っていた塾におられた「漢字オタク」の先生が、毎日のように繰り出す「摩訶《まか》不思議《ふしぎ》なる漢字ワールドにひたる書き取りテスト」にさんざん苦しめられて、漢字が大嫌いになったといってました。

いっぽうそれとは逆に、漢字が好きで好きでたまらないというかたも珍しくなく、かつて私は、各出版社から刊行されている漢和辞典を「序文から奥付まで」読破するのにハマっていて、すでに五冊読み、現在六冊目に取りかかっているところだという、まことに驚くべき趣味をおもちのかたから手紙をいただいたことがありました。

漢字が好きであろうが嫌いであろうが、それはまったく個人の自由です。しかし日本語をいまの社会一般におこなわれている方法で書くためには、個人差はあっても、どうしても一定の量の漢字を使わなければならないのが現実です。

そしてどうせ使わないといけないものならば、「いやでいやでたまらない」ものを使うより、「ほんの少しでも親しみを感じられるもの」を使うほうが、人生を楽しく生きていけるにちがいないと思います。

この本で述べることは、これからの世代を漢字好きにするための方法ではありません。そうではなくて、これまでたくさんの漢字嫌いを作ってきた学習方法や教え方を正面から見据え、どうすればもっとおおらかでのびのびと漢字とつきあえるか、そのことに関する私なりの提案にすぎません。

漢字は難しい、などとかまえずに、肩の力をぬいてお読みいただければ幸いです。

目次

5時間目　部首の不思議

6時間目　学校教育と常用漢字について――175

イラスト・森谷満美子

本文中の甲骨文・金文は『大書源』（二玄社）による

漢字再入門
楽しく学ぶために

1時間目
漢字の数

①ズバリ、漢字っていくつあるのですか?

「漢字の数はいくつあるのか」という問いに答えるのは、研究者にとっても至難のわざです。たとえば夏目漱石《なつめそうせき》の『坊っちゃん』に使われている漢字の数は全部で何字あるかとか、わが家のパソコンで使える漢字の数はどれくらいかというように、限定された範囲でなら漢字の総数を計算することはできますが、しかしいまの日本(あるいは中国)には全部でいくつ漢字があるかという問題は、たとえばアメリカ人が使う英単語の数は何万語あるのかという問いと同じように、永遠に正解を出せない問題です。

とりあえず漢字の総数について大まかに、そして簡単に考える手がかりのひとつは、非常に大きな漢字辞典に収録されている親字《おやじ》(見出しとされている漢字)を数えることです。

いまの日本で出版されているもっとも大きな漢字の辞典は、諸橋轍次《もろはしてつじ》(一八八三―一九八二)という人が数十年の時間をかけて作った『大漢和辞典』(大修館書店、一九六〇年完成)で、なんどか改定されていますが、そのもっとも新しい版(一九八九年修訂第二版)には、なんと五万三〇五もの漢字が収録されているそうです。

五万字とはまことに驚くべき数字ですが、それでもこの『大漢和辞典』が世界最大の漢字辞典というわけではなく、漢字の本家である中国には、それよりもっと多くの漢字を収めている辞書があります。そのうちのひとつに、中国文学や歴史の研究者たちがよく使う『漢語大字典』全八冊（漢語大字典編輯《へんしゅう》委員会編、湖北辞書出版社刊）があります。一九八〇年代に刊行された初版には五万四六七八字が収められていましたが、初版刊行後にもたくさんの専門家や研究者が改定に取り組み、二〇一〇年四月に出た第二版（全九冊）では、収録字数が六万三七〇字に増えました。

　話はそれだけで終わらず、収録字数増加競争（？）はさらに続いていて、一九九四年に出版された『中華字海』（冷玉龍他編、中華書局）では、収録字数がなんと八万五五六八字もあるそうです。この辞書では表紙の次にあるページに赤い文字で、「世界でいちばんたくさん漢字を載せている辞典」とわざわざ印刷されています。それがこの辞書の「売り」なのですが、八万字もの漢字を収める辞書ならきっとすごく大きな本と思われることでしょう。しかし『中華字海』は厚みこそ七センチほどあるものの、わずか一冊の本で、全部で千八百ページもありません。千八百ページ足らずに八万五千字という構成から想像できるように、一ページ三段組にぎっしりとたくさんの漢字が詰めこまれています。それぞれの漢字については中国語での読み方と代表的な意味、それに主な出典などが書かれていますが、いずれも非常に簡単な形で、一行から数行程度です。また見出しの漢字を使った熟語は原則的に載せられていません。熟語のなかで重要なものについては本文中に言及されていますが、しかしそれはむしろ例外で、この辞書は熟語の意味を調べるためにはほとんど役にたちません。八万五千字もの漢字が入っているとはいっても、その大多数は異体字《いたいじ》（「略」と「畧」、「蹟」と「跡」のように、発音と意味は同じだけれど字形がことなるもの）であって、さらに「国」と「國」のような簡略化字体と旧字体を、それぞれ一字ずつカウントしています。それ以外にも日本や韓国、あるいはシンガポールで作られた漢字なども収録していますので、漢字の知識をオタクっぽくひけらかすにはもってこいですが、一般のかたに便利な辞書というわけではありません。

内容の善《よ》し悪《あ》しはさておき、いまのところこの『中華字海』がもっとも多くの漢字を収録する辞書となっています。それにしても、英語などで使われるローマ字なら二六種類（大文字・小文字を区別しても五二種類）、ひらがな・カタカナでもそれぞれ五〇種類足らず、濁音・半濁音や「ゃ」、「ぁ」などの拗音《ようおん》を加えても九〇種類もありません。

同じアジアの文字でも、韓国朝鮮語を書くのに使われるハングルは母音と子音を組みあわせてひとつの音を表す方式になっていて、基本母音が一〇種、複合母音が一一種、それに子音が「平音」、「激音」、「濃音」の三種類あわせて一九種あるだけです。実際に使われる基本的な文字のパーツは母音・子音あわせて二四種類にすぎず、これらの組みあわせで発音を構成するため、基本的にはこれだけの文字を覚えれば、あとは組みあわせを学ぶだけでよいことになります。

イランやイラクなどを中心に中東地域の広い範囲で多くの人に使われているアラビア文字は、右から左に書いていくので、ニュースの字幕で左から右に文字が流れていくのを見ると私たちにはなんとなく不思議な感じがしますが、基本的に二八種類の文字の組みあわせです。ロシア語などで使われるキリル文字は、大文字・小文字を同一視すれば三三種類しかありません。

このように世界の言語を書くのに使われる文字は、どれもだいたい五〇種類以下であり、実はひらがな・カタカナは文字の数としては多いほうなのです。だから漢字が五万とか八万もあるというのは、他の文字とはまったく比較にならないほどの、驚くべき数字なのです。

②文字が多ければ覚えるのも大変なはずなのに、いったいなぜこんなにたくさんの漢字が作られたのですか？

表音文字と表意文字

これまで漢字が非常にたくさん作られてきたことには、いくつかの理由がありますが、な

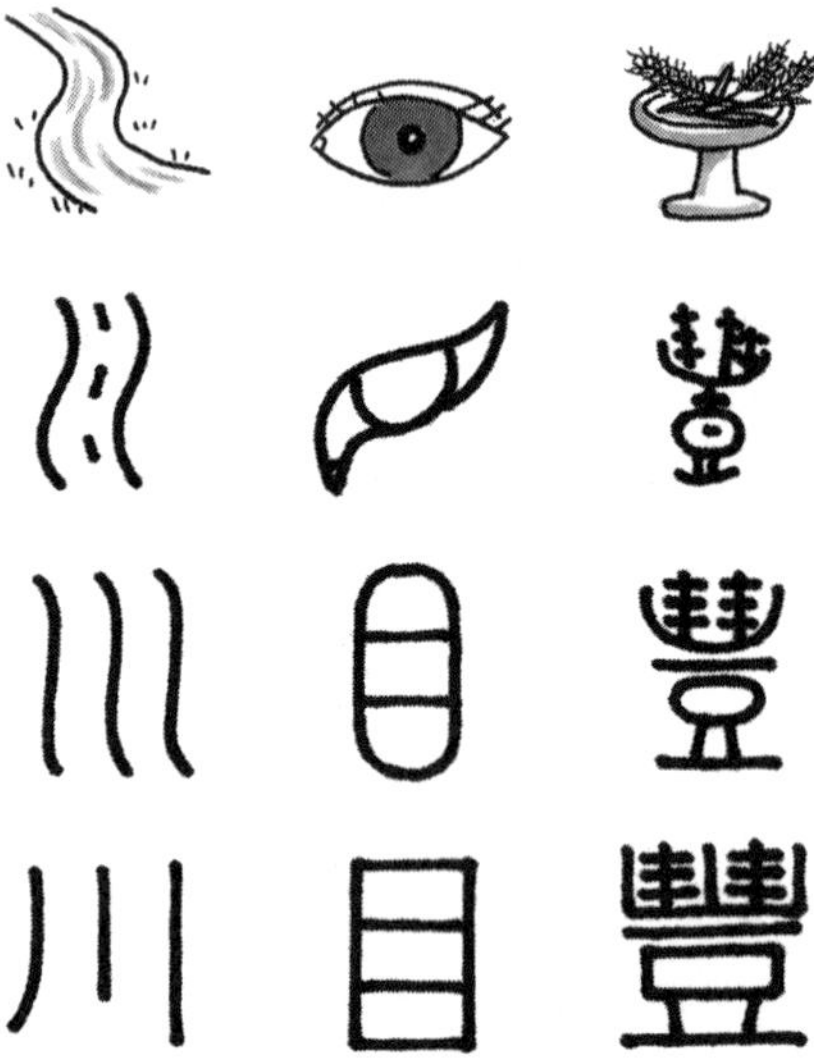
「川」「目」「豐（豊）」ができるまで

かでももっとも大きな理由は、漢字がこれまでずっと表意文字として使われてきた、という点にあります。

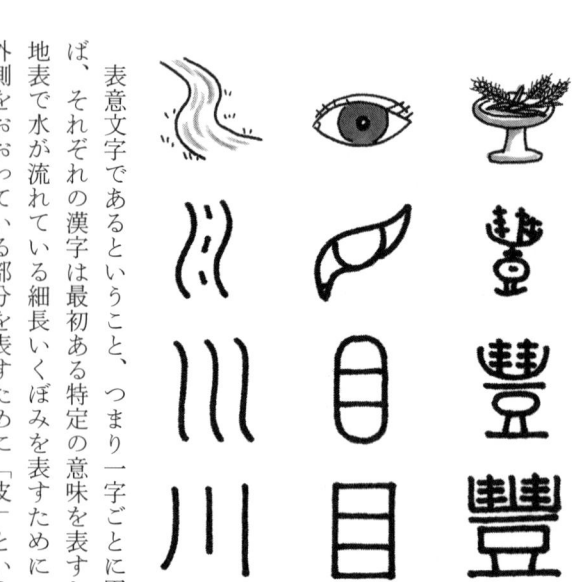

たとえば「山」という漢字には「やま」という意味が、「鳩」という漢字には「はと」という意味があります。このようにそれぞれの文字が意味を表すものを表意文字といいます。それに対して、ひらがなやローマ字のように、それぞれの文字には意味がなく、単に発音しか表さない文字を表音文字といいます。

表意文字であるということ、つまり一字ごとに固有の意味があるということを逆に考えれば、それぞれの漢字は最初ある特定の意味を表すために作られた、ということになります。地表で水が流れている細長いくぼみを表すために「川」という漢字が作られ、動物や植物の外側をおおっている部分を表すために「皮」という漢字が作られました。人がなにかを見るときに使う器官を表すために「目」という漢字が作られ、植物の種子から出て、やがて枝や葉などに成長していく部分を表すために「芽」という漢字が作られました。「川」と「皮」、「目」と「芽」をひらがなで書けば「かわ」とか「め」と同じ形になりますが、漢字ではそれぞれのものを表すために個別の文字がひとつずつ作られました。

漢字が表している意味は、川や目など具体的なモノだけではなく、抽象的な概念もあります。家来が主君にまごころをつくして仕える気持ちを表すため「忠」という漢字が作られ、水や酒などの液体を容器にそそぎこむ動作を表すために「注」という漢字が作られました。穀物がたわわに実ったことを神に感謝するために「豊」という漢字が作られ（「豊」はもともと「豐」と書き、実った穀物を台の上に置いて神様にお供えしている形をかたどっています）、決まりや規則を表すために「法」という漢字が作られました。それらをひらがなで書けば「ちゅう」とか「ほう」と同じ形になりますが、漢字ではやはりそれぞれの文字がことなった意味を表しています。

人間が暮らしている環境において、このようなモノや概念はいわば無限に存在します。まだ文字がなかった時代では、口で発する音声でそれらのモノや概念を表していましたが、時代が進むと、やがてそれを文字で表記するようになってきました。そのときに、ローマ字やかなのような表音文字を使っている人ならば、たかだか数十種類の文字を組みあわせることで、あらゆるモノや概念を表すことができます。しかし表意文字である漢字は、それぞれのモノや概念を示すためにひとつずつ文字を作るしかありませんでした。漢字の種類が時代とともに増えたのは、いわば表意文字としての宿命だったのです。

新しく作られつづける漢字

それに加えて、さらに漢字には長い歴史があります。漢字の字数が増加した理由の二つ目は、その使用時間の長さにあるといえるでしょう。

漢字が非常に古い時代に、中国のどこかで作られたことはおそらくまちがいありませんが、いつごろ誰《だれ》が、中国のどこで、どのようにして作ったものであるかはまったくわかりません。それについては考古学の発掘で発見されるものから考えるしか方法がありません。そしていま見ることができるいちばん古い漢字は、紀元前一三〇〇年前後の殷《いん》という時代に使われた「甲骨文字《こうこつもじ》」で、そこから数えても現在までに三千年以上の歴史があります。この長い時間に、中国ではたえまない文化の発展があり、社会には新しいモノや概念がどんどんと登場して、それに応じてたくさんの漢字が作られてきました。

そのことをここで、ウマという動物をめぐるいくつかの漢字を例として考えてみましょう。いまの日本で出ている漢字辞書でもウマに関する漢字はたくさんあって、たとえば手元にあるコンパクトな漢和辞典で《馬》を部首字とする部には約一〇〇種類の漢字が収められています。しかしこれらのほとんどは、甲骨文字を使っていた殷や、それに続く周《しゅう》の時代にはまだ作られていなかった漢字です。

殷ではすでにウマが家畜として飼われていましたが、それは戦車を引かせるための動物でした。その時代の墓から、兵士と御者《ぎょしゃ》が木製の箱に乗り、その前に二頭の馬をつないだ戦車が発見されています。しかしウマの背中にまたがって乗る「騎馬」は、その時代ではまだ不可能でした。それが群雄割拠の戦国時代になると、戦争のための技術開発が進んで騎馬が可能になり、たくさんの馬具が開発されました。さらに秦《しん》の始皇帝《しこうてい》の時代になると、北方に暮らす遊牧民族「匈奴《きょうど》」との戦争がはじまりました。匈奴は騎馬戦法を得意とする民族であり、それと戦うためには秦の側もウマをよく知り、騎馬の技術をみがく必要がありました。匈奴との戦いは秦に続く漢《かん》代にもおこなわれたので、漢は戦闘力を増強するために、西域《さいいき》から足の速いすぐれたウマをたくさん獲得することに熱中しました。

このような時代になって、ウマに関する文字が急増しました。西暦一〇〇年ちょうどに作られた中国最古の字書『説文解字《せつもんかいじ》』にある《馬》部には、馬に関する文字が一一五字も収められています、そのほとんどは、ウマに対する関心がそれほど強くなかった時代には存在しなかった漢字です。

『説文解字』に見えるウマ関係の漢字はいくつかのグループにわけられます。まずウマの年齢に関して、次のようなものがあります。

馬　一歳のウマ　　駒　二歳のウマ
駣　三歳のウマ　　馴　八歳のウマ

またウマのさまざまな毛色を表す漢字もたくさんそこに収められています。たとえば毛の色に関するものとして、

驪　濃い黒色のウマ　　騩　薄い黒色のウマ
騮　赤馬で尾の黒いウマ　　騅　青と黒の毛の混じったウマ

などがあり、また大きさに関しても、

騹　小さなウマ　　驕　高さ六尺のウマ
騋　高さ七尺のウマ

などがあります。そんな見かけだけではなく、実用面においても、たとえば馬車の作り方について、

駢　二頭立ての馬車　　驂　三頭立ての馬車
駙　両横に添えるウマ

という漢字が列挙されています。

例をあげるのはこれくらいにしておきますが、このようにウマの年齢や毛色などがすべてちがう漢字で表現されたのは、音声によることばでそれらを区別する必要があり、だからそれを書き表すために、それぞれのことばに対応してあらたに漢字が作られた、というわけです。

漢字の字数が増えたのは古代だけのことではありませんでした。字数増加のもっとも極端な例は、中学や高校の理科の授業で習う「元素記号」です。現在使われている元素記号は一八一四年にスウェーデンの化学者であったベルセリウス（一七七九―一八四八）が考案したものに基づいており、ラテン語と英語またはドイツ語による元素名から一文字または二文字をとって作られています。しかしそれが中国に伝わったときには漢字で書かれることになり、そのためそこには近代になってから作られた漢字が大量に使われています。

次に掲げる図は中国で出版されている辞書の巻末に附録として掲載されている「化学元素周期表」です。学生時代の化学の授業で「水兵リーベぼくの船……」といういいかたで覚えた人も、きっとたくさんおられることと思います。

さて中国語でのこの元素周期表は、ご覧のようにローマ字で表される元素記号に対応して、それぞれにすべて漢字が配当されています。しかしそれらは、二六番の「鉄」や二九番にある「銅」などごく少数のものを除いて、ほとんどが日本人にはまったく見慣れない漢字です。

元 素 周 期 表

原子序数←19 K→元素符号
钾→元素名称
原 子 量←39.098
注*的是人造元素

周期＼族	I_A	II_A	III_B	IV_B	V_B	VI_B	VII_B	VIII			I_B	II_B	III_A	IV_A	V_A	VI_A	VII_A	0	电子层	0族电子数
1	1 H 氢 1.00794(7)																	2 He 氦 4.002602(2)	K	2
2	3 Li 锂 6.941(2)	4 Be 铍 9.0121823(3)											5 B 硼 10.811(5)	6 C 碳 12.011	7 N 氮 14.006747(7)	8 O 氧 15.9994(3)	9 F 氟 18.9984032(9)	10 Ne 氖 20.1797(6)	L K	8 2
3	11 Na 钠 22.989768(6)	12 Mg 镁 24.3050(6)											13 Al 铝 26.981539(5)	14 Si 硅 28.0855(3)	15 P 磷 30.973762(4)	16 S 硫 32.066(6)	17 Cl 氯 35.4527(9)	18 Ar 氩 39.948	M L K	8 8 2
4	19 K 钾 39.0983	20 Ca 钙 40.078(4)	21 Sc 钪 44.955910(9)	22 Ti 钛 47.88(3)	23 V 钒 50.9415	24 Cr 铬 51.9961(6)	25 Mn 锰 54.93805(1)	26 Fe 铁 55.847(3)	27 Co 钴 58.93320(1)	28 Ni 镍 58.69	29 Cu 铜 63.546(3)	30 Zn 锌 65.39(2)	31 Ga 镓 69.723(4)	32 Ge 锗 72.61(2)	33 As 砷 74.92159(2)	34 Se 硒 78.96(3)	35 Br 溴 79.904	36 Kr 氪 83.80	N M L K	8 18 8 2
5	37 Rb 铷 85.4678(3)	38 Sr 锶 87.62	39 Y 钇 88.90585(2)	40 Zr 锆 91.224(2)	41 Nb 铌 92.90638(2)	42 Mo 钼 95.94	43 Tc 锝 (97.99)	44 Ru 钌 101.07(2)	45 Rh 铑 102.90550(3)	46 Pd 钯 106.42	47 Ag 银 107.8682(2)	48 Cd 镉 112.411(8)	49 In 铟 114.82	50 Sn 锡 118.710(7)	51 Sb 锑 121.75(3)	52 Te 碲 127.60(3)	53 I 碘 126.90447(3)	54 Xe 氙 131.29(2)	O N M L K	8 18 18 8 2
6	55 Cs 铯 132.90543(5)	56 Ba 钡 137.327(7)	57－71 La-Lu 镧系	72 Hf 铪 178.49(2)	73 Ta 钽 180.9479	74 W 钨 183.85(3)	75 Re 铼 186.207	76 Os 锇 190.2	77 Ir 铱 192.22(3)	78 Pt 铂 195.08(3)	79 Au 金 196.96654(3)	80 Hg 汞 200.59(3)	81 Tl 铊 204.3833(2)	82 Pb 铅 207.2	83 Bi 铋 208.98037(3)	84 Po 钋 (209.210)	85 At 砹 (210)	86 Rn 氡 (222)	P O N M L K	8 18 32 18 8 2
7	87 Fr 钫 (223)	88 Ra 镭 226.0254	89－103 Ac-Lr 锕系	104 Rf 𬬻* (261)	105 Ha 𬭊* (262)	106 Unh* (263)	107 Uns* (262)	108 Uno* (265)	109 Une* (266)											

镧系	57 La 镧 138.9055(2)	58 Ce 铈 140.15(4)	59 Pr 镨 140.90765(3)	60 Nd 钕 144.24(3)	61 Pm 钷* (147)	62 Sm 钐 150.36(3)	63 Eu 铕 151.965(9)	64 Gd 钆 157.25(3)	65 Tb 铽 158.92534(3)	66 Dy 镝 162.50(3)	67 Ho 钬 164.93032(3)	68 Er 铒 167.26(3)	69 Tm 铥 168.93421(3)	70 Yb 镱 173.04(3)	71 Lu 镥 174.967
锕系	89 Ac 锕 227.0278	90 Th 钍 232.0381	91 Pa 镤 231.0359	92 U 铀 238.0289	93 Np 镎 237.0482	94 Pu 钚 (239.244)	95 Am 镅* (243)	96 Cm 锔* (247)	97 Bk 锫* (247)	98 Cf 锎* (251)	99 Es 锿* (252)	100 Fm 镄* (257)	101 Md 钔* (258)	102 No 锘* (259)	103 Lr 铹* (260)

中国語の元素周期表（『現代漢語詞典』商務印書館）

こんな漢字があるのかと驚かれるだろうと思いますが、それもそのはずで、これらの漢字のほとんどは、元素記号を表すためにしか使われない漢字なのです。さらに驚くべきことには、同じく漢字を使ってはいても、「酸素」とか「水素」ということばは中国人には通じません。「酸素」とか「水素」あるいは「炭素」は日本で作られた「和製漢語」で、酸素のことを中国語では表にあるように「氧」と書き、水素は「氢」と書かないと通じません。

元素周期表の一一番に「Na」があり、二〇番目に「Ca」があります。これくらいなら、私のとぼしい化学の知識でも「ナトリウム」と「カルシウム」であることがわかります。日本ではこれをNaとかCaとローマ字で書いたり、**natrium**とか**calcium**という英語の発音を耳で聞いた通りに、「ナトリウム」、「カルシウム」とカタカナで表記します。しかし中国ではその一つ一つに漢字をあてはめ、Naを「钠」、Caを「钙」と書きます。これらの漢字は《金》の部分で意味を表し、《内》や《丐》の部分で発音を表しています（のちに説明する「形声」という方法です）。ともあれ中国ではこのような方法で、元素記号をすべて漢字で書き表しており、しかもこれらの漢字の大多数は単に元素記号を表すためだけにしか使われません。なるほど漢字の数が増えていったのも当然だ、とわかっていただけることでしょう。

日本で作られた漢字

さらに、漢字は中国だけで作られたわけではありません。そのことも漢字の数が増えた理由のひとつです。

漢字は発祥の地である中国から周辺の国にも広がっていき、日本や朝鮮半島に建てられた国々、そしてかつてはベトナムなどでも、自分たちのことばを書き表すのに漢字を使いました。それらの国々にはもともと文字がなく、すぐ近くにあった中国という大国から文字を借りました。しかし漢字は中国で作られたものですから、周辺の国々から見たらいくつか不便なことがありました。たとえば中国に存在しないモノや概念を表す漢字が中国で作られるはずはありません。そのことの不便さを、ここでは《魚》ヘンの漢字を例として考えてみましょう。

古代中国文明は黄河《こうが》を中心にさかえたことは小学校でも学習しますが、黄河は淡水の川ですから、そこにはコイやフナがいます。だからそれを表すために、「鯉」や「鮒」という漢字が作られました。また古代では黄河流域に暮らした人たちが実物を目にすることはなかったでしょうが、どこかの海にはクジラという非常に大きな魚（実際は哺乳類《ほにゅうるい》ですが）がいることを耳にしていたので、それを表す「鯨」という漢字が作られました。

しかしイワシという魚は黄河にはいません。同じように、黄河流域に暮らした古代中国人は、ブリもカツオもハタハタも見たことがなかったにちがいありません。見たこともない魚を表すことばはありませんし、したがってそれを表す漢字も作られるはずがありません。

でも四方を海に囲まれた日本ではどこでもイワシがとれ、重要な水産資源でしたから、その魚を漢字で表現する必要がありました。漢字がないのだったら、ひらがなかカタカナで書いたらいいじゃないか、といまの私たちは考えてしまいがちですが、奈良時代から平安時代にかけては文字の使いわけがあり、カタカナは主に仏教の世界で、ひらがなは和歌や物語などの文学作品に使われ、朝廷や役所などで使う文書は漢字だけで書くこととされていました。このように文字の使いわけがあった時代に、朝廷や役所で使う文書にイワシのことを書く必要があったとしても、イワシを表す漢字はありません。しかたないので、はじめは漢字の発音だけを使って「伊委之」（委は倭の省略形）と書いていました（このような書き方を「万葉仮名《まんようがな》」といいます）。しかしそれではわかりにくいので、それで、どこかの誰かが（それが誰であるかはわかりません）、《魚》と《弱》を組みあわせて「鰯」という漢字を作り、水から出たらすぐに死んでしまう弱い魚であるイワシを表す文字としました。ちなみに、いまの中国人はもちろんイワシという魚を知っていますが、イワシは中国語では「沙丁」と書き、シャァディン（中国語の発音を表すローマ字ではshādīng）と発音します。すなわち英語でイワシを意味するsardineの音訳を使っているわけで、日本語を勉強したことがある人以外は

「鰯」という漢字を見たことがなく、意味もサカナに関することだな、というくらいしかわかりません。

このように日本人が作った和製漢字を、日本では「国字」といいます。お寿司《すし》屋さんでよく見る大きな湯飲みに書かれている、「鯛《たい》」や「鰤《ぶり》」、「鮪《まぐろ》」など《魚》ヘンの漢字の多くはこのようにして日本で作られたものですし、国字はサカナだけでなく、ほかにも「峠」や「畑」、「榊《さかき》」、「凩《こがらし》」などがあります。漢字の総量が増えた理由の三つ目として、過去に漢字が使われた範囲の広さをあげることができるでしょう。

③そんなにたくさんの漢字を、中国では全部使っているのですか？

何万という漢字が作られた背景には、だいたい右のような理由が考えられます。だからこそ五万とも八万とも数えられる大量の漢字が作られてきたのですが、しかしそんなにたくさんの漢字すべてを、これまでの中国人や日本人、あるいは韓国人が実際に使いこなしてきたわけでは決してありません。ここまでに述べてきた漢字の総字数とは、あくまでも歴史的な蓄積の結果であり、これまで存在したあらゆる漢字を全部かき集めたら八万字くらいになるだろう、ということにしかすぎません。

中国でも日本でも、それぞれの時代に社会で使われていた漢字は実際にはそれほど多くなく、どんなに多く見積もってもせいぜい一万もあれば十分でした。そんなはずはない、いまの日本ならそうかもしれないけれど、中国にはひらがなやカタカナがなく、文章をすべて漢字で書かないといけないのだし、特に古い時代の中国だったらもっともっとたくさんの漢字を使っていたにちがいない、とよく思われがちですが、しかし使われている漢字は案外少ないものです。

たとえば日本にもたくさんの愛読者がいる『老子《ろうし》』という有名な本がありますが、そこに使われている漢字はわずか八〇二種類にしかすぎません。なんだか難しそうな本というイメージがありますが、実際に『老子』の原文を見ると、難しい漢字はほとんど出てきません。『老子』だけが例外というわけではありません。孔子《こうし》のことばと行動を弟子たちがまとめた『論語《ろんご》』は、かつて中国だけでなく東アジア全体の知識人にとって必読の書物でしたが、そこに使われている漢字だって一三五五種類しかありません。いまの日本で漢字を使うときの目安とされている「常用漢字」（一七六ページ参照）に入っている漢字は合計二一三六種類ですから、その半分プラスアルファという程度です。

もちろんもう少したくさん漢字を使っている文献もあり、もっとも古い詩集である『詩《し》経《きょう》』では二八三九種類、また中国を代表する詩人として知られる李《り》白《はく》や杜《と》甫《ほ》は、難しい漢字をいっぱい使ってたくさんの詩を作っていますが、それでも李白は三五六〇種、杜甫は四三五〇種類の漢字を使っているだけです。ほら、やっぱり四千もあるじゃないかと反論されるかもしれませんが、いまの日本で使われている携帯電話やパソコンでは、ほとんどの機種で六三五五種類の漢字が使えますから、あなたのケータイで使える漢字のほうが、実は李白や杜甫が使った漢字より多いのです。

④でも日本語はひらがなだけでも書けるのだから、どうして漢字を使わないといけないのですか？

日本語はひらがなだけで書けるか

「私は大阪で生まれました」とか「ガソリンの値段がまた高くなった」というように、漢字とひらがな・カタカナをまじえて書く書き方を「漢字かなまじり文」といいます。日本語の文章を書くときに、私たちは漢字とひらがなとカタカナをまぜて使い、それ以外にも「Lサイズのピザを三枚注文する」というように、ABCなどのローマ字をまぜて使うこともあります。さらに「プラスα」とか「βカロテン」というように、ギリシャ文字を使うことすらあります。ギリシャ文字はいささか特殊ですが、ともあれ私たちは小学校からの国語の授業を通じてその書き方を学び、それにすっかりなじんでいますので、それほど不思議とは思いません。しかし実はこのようにいくつかのことなった種類の文字をまじえて文章を書くのは、世界の言語でもきわめて特殊な方法なのです。

世界の言語は一種類の文字だけで書かれるのがふつうです。英語やフランス語・ドイツ語・イタリア語・スペイン語などは全部ローマ字（正しくは「ラテン文字」といいます）で書かれますし、ロシア語やブルガリア語などはキリル文字だけで書かれます（ただし同じスラブ語系統の言語でもカトリック圏のポーランド語やチェコ語などはラテン文字で書かれます）。ほかにもアラビア語やペルシャ語などアラビア語系統の言語は多くのものがアラビア文字で書かれますし（かつてアラビア文字で書かれていたトルコ語やマレー語などは、いまラテン文字で書かれるように変わっています）、そして中国語は漢字だけで書かれています。

私は以前にある仕事でスリランカに行ったことがあります。スリランカはインドの南にある小さな美しい島国ですが、そこではシンハラ語とタミル語、それに英語が公用語として使われていて、街中の看板や道路標識などにはよくその三種類の言語が併記されています。だからその国では三種類の文字が使われているといえますが、しかしそれぞれの言語はやはりただ一種類だけの文字で書かれていて、ひとつの文章に三種類の文字がまぜて使われているというわけではありません。

スリランカで見かけた複数言語の併記（著者撮影）

それに対して、日本語のように数種類の文字を使いわけて書く言語はめったにありません。同じような例をさがしてみると、ほかには漢字とハングル（朝鮮韓国語を書くための表音文字）をまぜて書く韓国語があります。北朝鮮（朝鮮民主主義人民共和国）ではもう漢字がほとんど使われておらず、すべてハングルだけで文章が書かれているようですが、韓国はいまも漢字とハングルをまぜて使っていることが、新聞や雑誌ではときどきあります。

しかし韓国に行ったことがある人ならよくご存じのように、実際の韓国の社会ではハングルが圧倒的に多く、漢字をほとんど見かけません。それでも鉄道や地下鉄の路線図とか大きな交差点に設置される案内板などでは、地名がハングルとローマ字で書かれている下に、漢字が併記されていることがあります。韓国の人に聞いたところでは、一九八八年に開催されたソウルオリンピックのころから漢字が増えてきたそうで、おそらく中国や日本からの旅行者がたくさん韓国を訪れるようになったからだと思います。

日本人のなかには、いまの韓国は漢字をまったく使わないと思っている人も多いようですが、韓国の学校では一九七二年からあと、中学校と高等学校の漢文の授業で「漢文教育用基礎漢字」という名称で呼ばれる一八〇〇種類の漢字を学習することになっていますので、漢字の読み書きが一通りできる若い人も少なくありません。ただし漢文は必修科目ではありませんし、韓国では漢字の字形をこれまでまったく簡略化しておらず、すべて難しい「旧字体」で教えられているので、それを敬遠する人も多いようです。また小学校では漢字はほとんど教えられていません。

そんな韓国には表音文字がハングル一種類しかありませんが、それに対して日本語にはひらがなとカタカナの二種類があって、それぞれの役割分担が決まっています。「パソコンがこわれた」とか「ショートケーキを買ってきた」という文章では、パソコンやショートケーキは必ずカタカナで書かれます。

かなだけでは読みづらい

日本語は世界でいちばん複雑な書き方をしている言語であるといっても、おそらくまちがいではないと思います。もちろん日本語だって、漢字を使わず、すべてひらがなやカタカナだけで書くことは可能です。幼児向けの絵本はそのように書かれていますし、視覚障害者が使う点字はひらがなとカタカナの区別がなく、一種類のかな文字と算用数字、それにアルファベットだけで書かれています（点字の漢字もあるのですが、まだほとんど普及していません）。

大人向けの文章だって、一昔前にはかなだけで書かれたものがありました。若い方々はご存じないようですが、昔の電報は全部カタカナだけで書かれていたのです。

いまの電報はもっぱらお祝いとお悔やみ用になっていて、事前に申しこんでおくと、誕生日や結婚式、大学合格などのお祝い、あるいはお葬式の弔電《ちょうでん》など、目的に応じたデザインの用紙に、漢字とひらがな・カタカナをまじえた文章がきれいに印刷され、指定した日時に届けられるようになっています。最近ではインターネットからも送れるようになっていて、ちょっと気の利いたメッセージを届ける手段として使われていますが、かつての電報はそんなものではなく、電話がどこの家にもあるようになる前は、もっともよく使われた緊急通信手段でした。

当時の電報は原稿用紙のようなマス目のついた紙に、文章がカタカナで書かれており、オートバイなどで郵便局員さんから家に届けられると、いったいなにが起こったのかと緊張が走ったものでした。私が小学生だった昭和三十年代では、一般家庭にはほとんど電話がありませんでした。わが家でも、東京の親戚《しんせき》で不幸があったことを知らせる電報が夜に家に届き、父が翌日大急ぎで東京に駆けつけたことがありましたが、大阪から東京まではいちばん速い特急でも六時間以上かかった時代ですから、父が東京に着いたときにはもうお葬式が終わっていました。大学生や高校生はもちろんのこと、小中学生まで携帯電話をもつのが当たり前になったいまの日本から見れば、まったくうそのような話です。

ただし電報のように漢字をまったく使わず、カタカナばかりで書かれた日本語（ひらがなだけでも同じことです）は、本当に読みにくいものでした。昔の人なら誰でも知っていた有名な冗談に「キシャノキシャ　キシャデキシャス」という電報文があります。これを漢字かなまじり文で書けば「貴社の記者　汽車で帰社す」となり、同音異義語による混乱が解消されて、はるかにわかりやすい文章になります。「ニワニワニワニワトリガイル」ではよくわかりませんが、漢字を使って「庭には二羽にわとりがいる」と書けばすぐにわかります。

カタカナだけで書かれた文章は単に読みにくいだけでなく、さらに複数の解釈が可能になって、本来の意味とはちがうように誤読される危険もありました。「フタエニマゲテクビニカケルジュズ」という文章は、「二重《ふたえ》に曲げて首にかける数珠《じゅず》」とも、「二重に曲げ手首にかける数珠」とも読めます。「キョウハイシャヘイッタ」は「今日は医者へ行った」とも、「今日歯医者へ行った」とも読めます。そう考えれば、文中に適切に漢字を使うことで誤読が防げるということがよくわかるでしょう。

そんな話をあるテレビ番組で話したところ、未知のかたから電子メールが届きました（大学のホームページにアドレスを載せているので、最近では知らないかたからメールをいただくことがよくあります）。

メールによれば、そのかたのお父さんが若かったころ、東京から実家のある三重県のある街に帰ることになり、夜行の各駅停車をなんども乗り継いで「津」駅まで来たところ、所持金が底をついてしまいました。困った彼は、電報為替《かわせ》という方法で実家から送金してもらおうと思い、「ツマデキタ（津まできた）　カネオクレ」と実家へ電報を打ったのですが、実家ではそれを「妻できた　金送れ」と読み、驚いて予想もしなかった多額のお金を送ってきたというのです。当事者には笑い事でなかったにちがいないでしょうが、電報ならではの誤読と、失礼ながら私は大笑いさせていただきました。

このような誤読を避けるためには、文中に適切に漢字を使うことが必要であり、そのことを私たちは学校の国語の授業を通じて習得します。しかし外国人が日本語を学ぶときに、この漢字かなまじり文という方式を覚え、それに慣れるのはなかなか大変で、私たちが考えるほど楽なことではないようです。

日本語にもっとも適した表記方法

もうずいぶん前のことですが、ヨーロッパから来た留学生が、外国人から見れば日本人は驚くべき才能をもっている、と感心したように言っていました。なぜかと聞くと、たとえば「動物園にライオンがいる」という文章を、ほとんどの日本人はほぼ一〇〇パーセントの確率で同じように書く、それはほんとに不思議だ、というのです。

「動物園にライオンがいる」は簡単な文章で、いまの小学校では「園」を二年生で、「動」と「物」を三年生で習うことになっていますので、三年生か四年生くらいの小学生ならこの文章を漢字かなまじり文で書けるでしょうし、塾に通っている子どもなら、もっと小さくても書けるかもしれません。しかしその留学生は、この文章は小学生以上の日本人なら誰でも「動物園」を漢字で、「ライオン」をカタカナで、そしてそれ以外の文字をすべてひらがなで書くにちがいない、いまの日本の人口をかりに一億二千万人とすれば、この文章が書ける人はおそらく一億人はいるだろうが、一億人もの日本人が誰ひとり例外なく、漢字とひらがなとカタカナという三種類のことなった文字を同じように使いわけて書く。いったいなぜそんなことが可能なのか、そんなことはヨーロッパでは絶対に考えられず、外国人の理解を越えている、というのです。

聞いていて、なるほどと思いました。耳慣れない外来語を含んだ文章などは別として、ごく一般的な文章なら、私たちは漢字とひらがなとカタカナを使いわけることにそんなに苦労しません。「新しいグローブを買う」だって、「高速道路のサービスエリアが混雑している」だって、「今日のランチはハンバーグ定食です」だって、三種類の文字を誰でも同じように使いわけて書くにちがいありません。そして私たちはそれを特別にすばらしいことだとは考えませんが、しかし外国人の目から見れば、実は私たちはすごいことを平気でなしとげているのです。

「動物園にライオンがいる」と漢字とひらがな・カタカナを使いわけて書くことは、小学校の国語の授業で習いますが、学校で教わることをみんなが大人になっても完全に正しく覚えてくれれば、教師にとってそんなにありがたいことはありません。台形の面積を求める公式だって、二酸化マンガンと過酸化水素水（オキシドール）で酸素が発生することも小学校の授業で習いますが、しかし大人になってからそれをすっかり忘れてしまった人は、世間にいっぱいいるはずです。

ところが「動物園にライオンがいる」という文章では、全国民誰ひとりとしてほとんど例外なく自然に、漢字とかなをまじえた書き方をします。それはおそらく、それがもっとも理解しやすい日本語の書き方であるからにちがいありません。つまり「漢字かなまじり文」という方式が日本語にもっとも適した表記方法だというわけです。

⑤それならいったいどれくらいの数の漢字を覚えなければいけないのですか？

身のまわりにあふれている漢字

私たちは国語の授業を通じて、漢字の読み書きを学習します。しかし漢字は学校で教わるだけのものではありません。どこの地域であろうと、日本人の生活は朝から晩まで漢字に囲まれており、家では新聞や雑誌、テレビの字幕などに、外に出れば街中の看板や駅の案内表示、あるいはレストランのメニューなどに、たくさんの漢字が使われています。

私の娘の話で恐縮ですが、三歳前後でしたか、おむつがとれて一人でトイレで用足しができるようになったころ、水を流すためのレバーに書かれている「大」と「小」という漢字がわかるようになりました。おしっこをしたときはレバーを「小」の方向に、うんちをしたときは「大」の方向に回すことを覚えたわけです。そんなころ、自転車の子ども用椅子《いす》に娘を乗せて近所へ買い物に出かけたとき、娘が突然「お父さん、うんちが書いてある！」と大きな声で叫びました。当時は大阪市内に暮らしていたので、街中には「大阪なんとか」という看板がいっぱいありました。娘は看板にある「大阪」の「大」を「大便」の意味と理解したわけです。

娘のまちがった理解は、やがて学校教育を通じて是正されていきました。似たようなケースは、世間にいっぱいあるにちがいありません。小学校に入学する前から、私たちはまず身のまわりにあふれている漢字をからだで認識し、やがて学校で教わる知識によって、それを正しく運用することができるようになっていくわけです。

小学校で習う漢字

それでは学校ではどのように漢字を教えているのでしょうか？　これについては文部科学省が定めている「学習指導要領」にはっきりと規定されています。

「学習指導要領」は国公立と私立を問わず、日本の小学校・中学校・高等学校・特別支援学校が各教科で教える内容を科目ごとに定めたもので（幼稚園に関しては「幼稚園教育要領」がそれに相当します）、小学校での漢字教育は『学年別漢字配当表』において各学年に配当されている漢字を読み書きでき、文章中で使えるように指導すること」とされています。

ここに「学年別漢字配当表」というものが出てきますが、これは小学校で教えられるすべての漢字を学年ごとに割りふったもので、時代によってちがいがありますが、いまは全部で一〇〇六種類の漢字が、一年生から六年生までわけて教えられることになっています。これらの漢字を一般に「教育漢字」または「学習漢字」と呼んでいます（ただし正式な名称ではありません）。日本の学校で使われる教科書はどの科目でもすべて「学習指導要領」に準拠して編集されています。そうでなければ教科書検定をパスできませんから、小学校の国語の教科書では、どこの会社のものでも、学年ごとに出てくる漢字は必ず同じになっています。

それでは小学生たちは実際にどのような漢字を学んでいるのでしょうか。ここで具体的に、学年ごとの漢字を並べてみましょう。

一年生で習う漢字

まず一年生では、次の基本的な漢字八〇字を学びます。

一　右　雨　円　王　音　下　火　花　貝　学　気　九　休　玉　金　空　月　犬
見　五　口　校　左　三　山　子　四　糸　字　耳　七　車　手　十　出　女　小
上　森　人　水　正　生　青　夕　石　赤　千　川　先　早　草　足　村　大　男
竹　中　虫　町　天　田　土　二　日　入　年　白　八　百　文　木　本　名　目
立　力　林　六（配列はそれぞれの漢字について習得すべき「読み」――音読み・訓読みを問わない――の五十音順、以下同じ）

学習指導要領には「第1学年においては、学年別漢字配当表の第1学年に配当されている漢字を読み、漸次書き、文や文章の中で使うこと」と書かれています。しかし一年生では一・二学期はひらがな・カタカナの学習にあてられ、漢字は三学期になってはじめて習います。そのため三学期に出てくる漢字を一年生を終えるまでに覚えることはできないので、これら八〇の漢字は二年生を終えるまでに読み書きでき、さらに文章中に使えるようになることが目標とされているわけです。

二年生で習う漢字

一年生では八〇字でしたが、二年生になるとちょっと増えて、

引羽雲園遠何科夏家歌画回会海絵外角楽活
間丸岩顔汽記帰弓牛魚京強教近兄形計元言
原戸古午後語工公広交光考行高黄合谷国黒
今才細作算止市矢姉思紙寺自時室社弱首秋
週春書少場色食心新親図数西声星晴切雪船
線前組走多太体台地池知茶昼長鳥朝直通弟
店点電刀冬当東答頭同道読内南肉馬売買麦

半番父風分聞米歩母方北毎妹万明鳴毛門夜
野友用曜来里理話

の一六〇字を学びます。このあたりから「歌」（一四画）や「線」（一五画）、「曜」（一八画）など、ちょっと画数が多い漢字も登場してきます。もちろん一年生のときに習った八〇字も読み書きできなければなりませんから、二年生を終える段階で日本の小学生は合計二四〇種類の漢字を学ぶことになります。

三年生で習う漢字

三年生になると勉強しなければならない漢字がぐっと増え、次の二〇〇字の読み書きを習得しなければなりません。

悪安暗医委意育員院飲運泳駅央横屋温化荷
界開階寒感漢館岸起期客究急級宮球去橋業
曲局銀区苦具君係軽血決研県庫湖向幸港号
根祭皿仕死使始指歯詩次事持式実写者主守
取酒受州拾終習集住重宿所暑助昭消商章勝
乗植申身神真深進世整昔全相送想息速族他

打対待代第題炭短談着注柱丁帳調追定庭笛
鉄転都度投豆島湯登等動童農波配倍箱畑発
反坂板皮悲美鼻筆氷表秒病品負部服福物平
返勉放味命面問役薬由油有遊予羊洋葉陽様
落流旅両緑礼列練路和

四年生で習う漢字

四年生でも三年生と同じく二〇〇字を学習します。

愛案以衣位囲胃印英栄塩億加果貨課芽改械
害街各覚完官管関観願希季紀喜旗器機議求
泣救給挙漁共協鏡競極訓軍郡径型景芸欠結
建健験固功好候航康告差菜最材昨札刷殺察
参産散残士氏史司試児治辞失借種周祝順初
松笑唱焼象照賞臣信成省清静席積折節説浅
戦選然争倉巣束側続卒孫帯隊達単置仲貯兆
腸低底停的典伝徒努灯堂働特得毒熱念敗梅

博飯飛費必票標不夫付府副粉兵別辺変便包
法望牧末満未脈民無約勇要養浴利陸良料量
輪類令冷例歴連老労録

四年生になると「機械」とか「試験」、「願望」というような、ちょっと難しい漢字の読み書きを勉強します。

五年生で習う漢字

三年生と四年生は新出漢字が二〇〇字もありましたが、五年生になると字数が少し減って、一八五字になります。

圧移因永営衛易益液演応往桜恩可仮価河過
賀快解格確額刊幹慣眼基寄規技義逆久旧居
許境均禁句群経潔件券険検限現減故個護効
厚耕鉱構興講混査再災妻採際在財罪雑酸賛
支志枝師資飼示似識質舎謝授修述術準序招
承証条状常情織職制性政勢精製税責績接設
舌絶銭祖素総造像増則測属率損退貸態団断

築張提程適敵統銅導徳独任燃能破犯判版比
肥非備俵評貧布婦富武復複仏編弁保墓報豊
防貿暴務夢迷綿輸余預容略留領

「護衛」とか「検査」、「規則」、「能率」、「製造」、「貿易」、「損益」、「複雑」など、大人の社会でよく使われる熟語が、この段階で読み書きできるようになります。なおこの学年に配当されている漢字のなかに「俵」がありますが、いまのスーパーなどで販売されているコメはほとんどが紙袋かビニール袋に入って売られていますので、コメを入れた「俵」を知っている子どもがいったいどれくらいいることやら……。それでも昔話や民話などでは「俵」がよく出てきますので、やはり読めないと困る漢字であることには変わりありません。

六年生で習う漢字

六年生になると、新出漢字の字数は一八一字とほんの少し減りますが、さすがに難しい漢字がたくさん出てきます。

異遺域宇映延沿我灰拡革閣割株干巻看簡危
机揮貴疑吸供胸郷勤筋系敬警劇激穴絹権憲
源厳己呼誤后孝皇紅降鋼刻穀骨困砂座済裁

策　冊　蚕　至　私　姿　視　詞　誌　磁　射　捨　尺　若　樹　収　宗　就　衆
従　縦　縮　熟　純　処　署　諸　除　将　傷　障　城　蒸　針　仁　垂　推　寸
盛　聖　誠　宣　専　泉　洗　染　善　奏　窓　創　装　層　操　蔵　臓　存　尊
宅　担　探　誕　段　暖　値　宙　忠　著　庁　頂　潮　賃　痛　展　討　党　糖
届　難　乳　認　納　脳　派　拝　背　肺　俳　班　晩　否　批　秘　腹　奮　並
陛　閉　片　補　暮　宝　訪　亡　忘　棒　枚　幕　密　盟　模　訳　郵　優　幼
欲　翌　乱　卵　覧　裏　律　臨　朗　論

五年生に出てくる「俵」と同じく、六年生に配当されている「蚕」も、一昔前の日本の社会では必要な漢字でしたが、伝統的な養蚕業がほぼ壊滅状態にあるいま、「蚕」という漢字に対するニーズはいったいどれくらいあるのでしょうか？　そして不思議なことには、養蚕では必ず必要になる「桑」は、小学校では学習しない漢字になっています。

ほかにも六年生では「陛」や「皇」、「后」が出てきますので、「天皇陛下」や「皇后陛下」が読み書きできるようになりますが、しかし「妃」と「殿」は小学校では習わないので、小学校を卒業した段階では「妃殿下」を読み書きすることはできない、ということになります。

読み書きできなければいけない最低限の漢字

このような「学年別漢字配当表」がはじめて作られたのは一九五八年（昭和三十三年）のことで、そのときは八八一字で構成されていました。それが一九七七年（昭和五十二年）に九九六字となり、一九八九年（平成元年）から現行の一〇〇六字のものとなっています。時代とともに小学生たちはより多くの漢字を勉強しなければならないことになっているわけで、これまでの改定においても、漢字の種類を増やすことはあっても、減らすことはありませんでした。

日本の小学生は、学習指導要領に載せられている「学年別漢字配当表」によって、六年間で合計一〇〇六字を学び、それを読み書きできるようにならなければなりません。それだけでもひらがなやローマ字を習得するのにくらべると大きな負担と考えられますが、小学校で勉強するのは基本的な最重要漢字ばかりであって、たまにはいくつかど忘れすることがあっても、やはりこれだけの漢字を読み書きできないと、通常の社会生活に支障をきたす可能性が大いにあります。これがいまの日本での「読み書きできなければいけない」最低限のラインだといえるでしょう。

中学・高校で習う漢字

それでも「教育漢字」だけでは、実際の社会での用に足りません。思いつくままに少し例をあげれば、「汗」、「翼」、「湾」、「頼」、「枕」、「茂」、「誘」、「忙」などが「学年別漢字配当表」には入っていません。ほかにもまだまだあります。これらはいずれも日常生活に必要な漢字といえるでしょうが、小学校では学習しないことになっている漢字です。それで、中学校と高等学校の国語の授業では、もう少し多くの漢字を学習するようにと決められています。

小学校で学習する漢字については学習指導要領に具体的な字種（漢字の種類）があげられていますが、これが中学校と高校になると、ちょっとわかりにくくなります。というのは、中学と高校の学習指導要領では、学習しなければならない字種が指定されていないからです。

たとえば中学一年生の学習指導要領・国語には「小学校学習指導要領の学年別漢字配当表に示されている漢字に加え、その他の常用漢字のうち300字程度から400字程度までの漢字を読むこと」とあり、また「学年別漢字配当表の漢字のうち900字程度の漢字を書き、文や文章の中で使うこと」とあるだけです。同じように中二には「中学1年までに学習した常用漢字に加え、その他の常用漢字のうち350字程度から450字程度までの漢字を読むこと」、および「学年別漢字配当表に示されている漢字を書き、文や文章の中で使うこと」、また中三にも「2年までに学習した常用漢字に加え、その他の常用漢字の大体を読むこと」、また「学年別漢字配当表に示されている漢字について、文や文章の中で使い慣れること」とあるだけで、どのような漢字が読み書きできなければならないか、具体的な例示がありません。

ここで述べられていることをまとめれば、中学校ではまず小学校で習った漢字を読み書きでき、さらに文中で使えるようになることと、「常用漢字」のうちの三〇〇—四〇〇字（中一）、あるいは三五〇字程度から四五〇字程度までの漢字を読むこと（中二）と述べられているだけで、それが三年になると「2年までに学習した常用漢字に加え、その他の常用漢字の大体を読むこと」とされているだけです。「大体」とはまた非常に曖昧《あいまい》な、はっきりいえばおおざっぱな記述です。この記述では、それぞれの学年で常用漢字のうちのどれだけを教えたらいいのかわからず、現場の先生や教科書を編集する会社もきっと困ってしまうでしょう。現実にはいくつかの教科書出版会社が協議して、それぞれの学年の教科書に掲げる常用漢字を大まかに決めていると聞いたことがあります。しかしそれはあくまでも民間の会社間で協議された「取り決め」（あるいは「談合」？）であって、公式の規定ではありませんし、世間にも公表されていません。

学習指導要領では、中学校においては常用漢字に含まれる漢字のうちの何百字程度という指示がなされているだけですが、これが高等学校になると、常用漢字全体が対象となります。高校は学年ごとに目標が示されているのではなく、高校全体の国語の学習指導要領の該当部分（「伝統的な言語文化と国語の特質に関する事項」の「ウ　漢字に関する事項」）に、

（ア）常用漢字の読みに慣れ、主な常用漢字が書けるようになること

と書かれています。つまり高校生は常用漢字すべてが読めるようになり、そして「主な」漢字が書けるようになることが目標とされているのですが、やはりここでもやっかいなのは「主な」という記述で、現在は二一三六種で構成されている常用漢字での「主な」漢字とはどれかということがまったく示されていません。

それでは常用漢字にはいったいどのような漢字が含まれているのでしょうか。これについては「6時間目の授業」であらためて詳しくご紹介することとしましょう。

2時間目
とめ・はね・はらい、って、そんなに大事なの？

①「松」とか「梅」を書くときに《木》ヘンをはねたらまちがいですか?

「はねる・はねない」でバツになる?

「親子漢字教室」というイベントに呼ばれたとき、何人かの小学生から、漢字の勉強ってそんなにいやじゃないけど、「はねる・とめる」の区別を覚えなければならないことだけはいやだという声を聞きました。ある五年生の子どもが、ゲームをがまんして遅くまで勉強して漢字の書き方を覚えたのに、ある線をはねずにとめただけでまちがいとされるのはほんとにつらい、と口をとがらせていたのが深く印象に残りました。その場にいた保護者のかたも、うちの子どもはナベブタの上にある点の傾きが教科書とちがうということだけで減点されたのだが、図形テストじゃあるまいし、どう考えても割り切れない、そのような指導はなんとかならないものだろうか、と口を添えておられました。

漢字の書き取りテストで、「はねる・はねない」のちがいが採点の対象とされるのは、別にいまにはじまったことではありません。「はねる・とめる」のほかにも「はなす・つける」や「出る・出ない」、「交わる・交わらない」、あるいは点の方向や接し方など非常に細かいことが問題とされることもあります。もう五十年ほど前の思い出ですが、私自身も同じ経験をしましたし、また私の子どもが小学生だったときにも、「がっこう」を漢字に直す問題で「校」の《木》ヘンをはねてバツをつけられ、それだけで満点をのがして非常に悔しい思いをさせられたことがありました。

漢字の筆画末端の部分をはねているとか、はねていないとかをチェックされてバツをつけられた経験は、おそらく誰にでもあると思います。しかし「はねる・はねない」のちがいがなぜ正解と誤答をわける根拠になっているのか、その理由を子どもにうまく説明できず困っている保護者もたくさんおられるのではないでしょうか。あるいは、大変失礼なことを書きますが、その点を生徒や保護者から質問されてうまく答えられなかった、という先生だって、実際にはたくさんおられるのではないでしょうか。そこでこの時間では、漢字の筆画における「はねる・はねない」とか「交わる・交わらない」などの問題について、少し詳しく考えてみようと思います。

小学校や学習塾の先生のなかにはときどき、書き取りで「はねる・はねない」などを非常に厳密に問題にするかたがおられます。そしてその先生方が「はねる・はねない」とかに厳しくこだわる理由として、中学や高校の入学試験では、国語の書き取り問題でそのちがいがはっきり区別され、そこで点数に差がつくから、しっかり覚えておかないといけない、という説明があります。さらに現場の先生だけでなく、小中学生を対象として編集された学習用漢字辞典のなかにも、「はねる・はねない」などについて詳しい記述をしていることを「売り」にしているものもあります。

いまの中学校や高校の教育では、建前はどうであれ、入学試験対策が非常に重視されていますので、学生に受験技術を身につけさせる指導に大きな力が注がれるのはしかたないことと思います。

一月から三月にかけての入試シーズンになれば、有名大学で出題された入試問題が「速報」として新聞や予備校のホームページなどに掲載され、そこに「解答」がつけられています。しかしそれはあくまでも新聞社や予備校が独自に作成した「解答」の例であり、大学が公表した公式の正解ではありません。そもそもほとんどの大学では入試問題の正解を公開していません。だからもちろん、国語のテストで誤字脱字はマイナス何点とか、書き取りで「はねる・はねない」をまちがったら何点減点、といった具体的な採点基準などについても、いっさい公開されていません。

中学校や高校の入学試験でも、公立学校の入試を管轄する都道府県の入試担当部署や国立・私立学校のいったいどれくらいが、実際に正解や採点基準を公表しているのでしょうか。情報公開に関する法律の影響からか、最近は入学試験の正解を公表する自治体がいくつかあって、インターネットで調べたところ、二〇〇九年の時点で北海道・青森県・秋田県・埼玉県・東京都・石川県・長野県・愛知県・三重県・滋賀県・大阪府・広島県・和歌山県の、合計一三の自治体の教育委員会が、ネット上などで正解を公表しているようです（ただし必ずしも試験実施直後ではないとのこと。http://blog.ironmannet.com/?eid=986044 による）。

この傾向が今後さらに多くの自治体に広がっていくことでしょうが、しかし公表されるのはあくまで正解とされる解答（例）だけで、それぞれの問題における詳細な採点基準はだいたいどこでも極秘事項とされていて、おそらく公開されることはないでしょう。

それでは困ると思った保護者や教育関係者が、「はねる・はねない」の採点などについて教育委員会や学校に問いあわせたとしてもおそらくノーコメントでしょうし、かりにレスポンスがあっても、きっと「入学試験は文部科学省の学習指導要領に基づいて、粛々と実施されています」というような紋切り型の回答しか返ってこないと思います。もちろん文部科学省の学習指導要領には、「はねる・はねない」などについて厳密に指導しなさい、などとは書かれておりません。

だから、入試の漢字書き取り問題で「はねる・はねない」などをまちがえたら減点されるという指導が、はたして現実の入試の実態に即しているのかどうか、私にははなはだ疑問です。おそらくそれは、もし「はねる・はねない」などについて厳密にチェックされたら大変だから、無用な減点を避けるために、書き取りでは漢字を辞書や教科書に印刷されている通りに書いておけばまちがいないという、受験生のことを思いやる親切な先生方の（過剰な）熱意のあらわれにちがいないと思います。

少しのちがいで大きなちがいが生じる漢字

しかしその指導ははたして正しいのでしょうか。それを考える前に、まず漢字の「はねる・はねない」などはいったいどのように決まっているのか（あるいは決まっていないのか）について考えてみましょう。

さて「はねる・はねない」、あるいはそれと同じようによく問題にされる「交わる・交わらない」とか「出る・出ない」などについて考えるさいに、あらかじめ大前提として知っておくべきことがひとつあります。それは漢字のなかには、形が非常によく似ているけれども、微妙なところでちがっているものがあるという事実です。

誰にもおなじみの漢字ですが、《大》と《犬》と《太》とか、《水》と《氷》と《永》、あるいは《王》と《玉》では、点をつけるかつけないか、つけるとしたらどこにつけるか、点の有無と位置によってまったく別の漢字になります。また《大》と《丈》では二画目と三画目、《上》と《土》では一画目と二画目が交わっているかいないかによって、ちがう漢字になります。さらにその《土》で下の横線を上より短く書けば《士》になりますし、《未》と

《末》も、水平に書かれる二本の線のうちどちらが長いかによって別の漢字になります。「**甲**子園球場」を「**申**子園球場」とか「**由**子園球場」と書いたら、バツをされて当然です。この場合は縦の線が出るか出ないか、出るとすれば上に出るのか下に出るのかが、字種を特定する重要な決め手になっているので、それは厳密に区別されなければなりません。

常用漢字表には入っていませんが、「于」という漢字があります。「物干しざお」ということばに使う「干」とよく似ていますが、「干」は音読み「カン」、「于」の音読みは「ウ」ですから、「于」と「干」はまったく別の漢字です。だから書き取りの試験で「ものほしざお」を「物于しざお」と書いたら、絶対にまちがいとされますが、この両者のちがいは、縦線の下の部分がはねているかいないかだけです。

日本では「于」を単独で使うことはめったにありません。しかし《于》は「宇」や「芋」というおなじみの漢字の構成要素になっていますし、「回り道する」という意味の「迂《う》回《かい》」にもシンニョウの右側に《于》があって、それが「ウ」という発音を表しているので、「迂」が「ウ」という発音になるわけです。しかし《于》とよく似ている《干》の音読みはカンですから、「宇」や「芋」、「迂」の要素として使われている《于》の部分を《干》と書くと、発音があわなくなるので誤字ということになります。あるいは逆に《干》を構成要素とする「汗」を「汙」と書いたら、「あせ」という意味の漢字にはなりません。「汗」によく似た

「汙」という漢字を日本ではまったく使いませんが、辞書では「汚」の異体字とされています。

ここにあげた例ではいずれも、字形上のごく小さな差異が字種のちがいに直結していますので、点の有無や位置、筆画が交わるかどうか、どちらが長いか、あるいははねるかはねないかが厳密に区別されなければなりません。

《木》ヘンや《手》ヘンははねてもとめてもかまわない

しかし「校」や「松」、「横」などに使われている《木》ヘンの下の部分は、はねてもはねなくても、どちらも《木》に関係することを表す要素であって、「はねる・はねない」によって別の漢字になるわけではありません。《木》ヘンだけでなく、「打」や「投」にある《手》ヘンも同じことで、これらのヘンの下をはねて書こうがとめて書こうが、他の漢字にまちがわれることは絶対にありません。このような場合では、その漢字を書くときに末尾をはねてもはねていなくても、どちらも正しい字形であると私は考えます。

それでも、と反論されるかたがきっとおられると思います。日本で出版されている漢字関係の辞書では、《木》ヘンはすべて下をとめているし、逆に《手》ヘンはすべてはねる形で印刷されています。《木》も《手》もヘンになったときはどちらも左側に置かれるのに、ひとつがとめており、もうひとつがはねているのは、きっとなんらかの理由があってのことにちがいない。だからやはり辞書にある通りに覚えておくべきである、と。

実はここに最大の問題があるのです。あえて失礼なことを言わせていただけば、漢字の筆画で「はねる・はねない」などにこだわる先生は、「厳しく指導している」のでもなんでもなくて、どのように書くのが正しいのか自信をもって指導できないから、単に辞書や教科書の通りでないと正解にできないだけのことなのです。つまり正解か誤答かを判断する論拠として、教科書や辞書に印刷されている字形にしか頼れないというのが実情ですが、しかし先生方の多くは、その教科書や辞書で印刷されている形が、どこでどのように定められ、またこれまでどのように変化してきたかなどについては、まったく考えようとされません。

明朝体の成り立ち

辞書も含めて、単行本であれ雑誌であれ、いまの日本の一般的な書物は基本的に「明朝《みんちょう》体《たい》」という書体で印刷されています。そしてその明朝体では、《木》ヘンの下部がはねられていないのに対して、《手》ヘンでは下がはねられています。それで日本の辞書では《木》ヘンと《手》ヘンにはねのちがいが生じるわけです。しかしそれは単なるデザイン上のちがいであって、文字の本質にかかわることではありません。

日本の書物で印刷に使われてきた「明朝体」は、かつては鉛で作られた金属活字の書体の一種でした。それが最近では電子媒体にも使われています。パソコンで文書を作成した経験がある人なら、パソコンに「ＭＳ明朝」をはじめとする「なんとか明朝」というフォントが搭載されていることをご存じでしょう。これらももちろん、つい数十年前までの活版印刷で広く使われていた明朝体活字の字形をモデルとして、情報機器で使えるデジタルフォントとして設計されたものですから、両者は基本的に同じものといえます。

「明朝体」について説明すると非常に面倒なことになりますが、簡単にいえばそのルーツは中国の明《みん》の時代（一三六八―一六四四）を中心に、木版《もくはん》印刷で普遍的に使われた書体にあります。

中国で木版による印刷がはじまったのは唐代末期のことでした。初期の印刷は技術がまだ未熟だったので、お寺に納める写経（手で書く代わりに職人を雇って印刷させたもの）や、お寺が販売するお札、あるいは引っ越しや縁談の日にちを考えるための占いの書物など、日常的な文書に使われるだけで、儒学の経典など学問的に重要なものは依然として手書きで書かれていました。要するにハレの文書は手書きで書かれ、ケの文書は印刷されていたというわけです。それが北宋《ほくそう》時代になると、木版印刷の技術が飛躍的に向上しはじめ、やがてもっとも権威のある文献である儒学の経典とか字書、あるいは李白や杜甫の詩集など、学術的あるいは文化的に重要な書物が何種類も木版印刷によって作られるようになりました。この段階になって、印刷物がようやく手書きの写本よりも高級なものと認識されるようになりました。

ところで一般的な木版印刷では、はじめに印刷に用いる版木《はんぎ》の上に全面的に糊《のり》を塗り、そこに毛筆で原稿を書いた紙を裏返して貼《は》りつけます。しばらくしてその紙をそっと版木からはがすと、紙に書かれた文章が左右逆転した「鏡文字」となって、版木の表面に転写されるので、板の上に残っている文字を彫刻刀で浮き彫りにします。こうして文字が浮き彫りになった版木全面に墨を塗って、上からぴったりと紙をあて、バレンで強くこすります。つまりおなじみの「版画」の要領で印刷するわけです。こうして刷った紙を、印刷面を外側にして真ん中から二つ折りにして、それを糸で綴《と》じたのが昔の書物の一般的な形態でした。

さて木版印刷がはじまった唐代では、一般的に使われていた書体は楷書《かいしょ》でした。それで初期の木版印刷でも、楷書で文字を彫っていました。宋代に木版印刷で刊行された書物には、風格があり力強い見事な楷書が使われたものがたくさんあります。そして初期の印刷物には、実際に版木に文字を刻んだ職人（「版工《はんこう》」という）の名前が版木一枚ごとに明記されたものがたくさんあります。その時代の印刷物の文字は、いわば版工という書家が腕前を発揮して作った、一種の芸術品といってもいいほどの味わいがあります。

しかし楷書は曲線が多いので、彫るのに時間がかかり、一人の版工がすべての文字を刻むには膨大な時間がかかりました。やがて元《げん》から明へと時代が進み、書物の需要が大きくなると、大量の書物をより効率的に印刷できるように、印刷の工程が流れ作業で分業化されるようになりました。こうして楷書の曲線部分が直線化され、さらに縦線はできるだけ垂直に、横線はできるだけ水平に刻みつけられるようになっていきました。

「一」とか「三」ならどう書いてもあまり変わりばえしませんが、画数の多い漢字では縦線を太く、横線を細く彫ったほうがバランスよく、きれいに見えます。また横線の末端には「ウロコ」と呼ばれる三角形の飾りをつけて、メリハリをつけました。水平に引かれる横線の末端につけられる「ウロコ」は、楷書における右上がりの筆画を象徴させたのがルーツのようです。

このあたりの事情については、私が下手な説明を書くよりも、私が学生時代から「教科書」として愛読してきた藤枝晃《ふじえだあきら》（一九一一―一九八）氏の名著『文字の文化史』の解説を借りるほうがはるかにわかりやすいと思います。

この書体（明朝体のこと―阿辻注、以下同）の特徴として、横線は細く真横に引き、縦線はそれと直角に太く垂直に引く。楷書では横線の右端で筆を一旦《いったん》おさえて、そこが太くなるが、ここでは、その代わりに小さな三角形でおさめる（「ウロコ」のこと）。右下に向かってのはね口は細長い三角で表わされる。
なぜ、こんな書体ができたかというと、木版の量産のためである。宋版（宋代の木版印刷）では版木一枚ごとに職人が署名していることが示すように、木版は一つの芸術品であった。一人の職人が腕を見せる。書物が大衆のものになり、大量の需要が起こると、そう名人ばかりに頼れず、またその必要もなくなる。そこで版木製作の能率を上げるために、楷書の微妙な曲線を殺し、筆画をできるだけ直線化する。こうしておいて、第一の職人は、まず縦の線にだけ刀を入れて、版木を次に渡す。第二の職人は横の線だけに刀を入れる。その次は横線のおさめの三角点など点を刻《ほ》る。次は腕ききが曲線を刻る。こうして順々に回して、たて罫《けい》とよこ罫とが済むと底をさらえて、最後に親方が全体の仕上げをする。そういう流れ作業のために、筆画はどうしても単純でなければならなかったのである。

（藤枝晃『文字の文化史』二五七—二五九ページ、岩波書店、一九七一）

この明朝体という書体が、明から清《しん》にかけて木版印刷で漢字を印刷するときの主流となりました。それが金属活字の時代になってからもスタンダードとされ、さらにいまのパソコンでも使われているというわけですが、ここで忘れてはならないことは、明朝体とは木版印刷で使われる漢字がより美しく見えるように、独自の工夫とデザインを施して設計されたものであったということです。明朝体の漢字には、印刷されたときの美しさを追求するあまり、本来の正しい字形から逸脱している部分があります。その実例はもう少しあとで、手書き字形との対比をふまえて説明することとします。

印刷字形と手書き字形

この木版や金属活字による印刷物で使われている形が、実は学校での漢字教育に大きな影響をあたえています。

たくさんの漢字を収録する辞書は、もちろん印刷物として作られたものです。それに対して、教室で学生たちが学習する漢字は、先生が黒板に手書きで書き、生徒が手書きでノートに書くものです。この印刷物に見える漢字の形と、手書きで書かれる漢字の形を、同じレベルで考えるのが混乱の発端なのです。手書きで書かれる字形と印刷される字形はまったく別のものであることをしっかりと認識する必要があります。印刷される形の通りに漢字を書くことなど、日本でも中国でも、これまで一度もありませんでした。印刷字形は印刷字形、手書き字形は手書き字形、両者は完全に別の世界に存在していました。

漢字には悠久の歴史があります。いまから三千年以上も前の時代に、占いに使われた亀《かめ》の甲羅や牛の骨、あるいは先祖を祭るために使った青銅器などに記録された古代の漢字について語ると長くなりますし、また専門的な内容になるのでここでは扱いませんが、紙が広く使われるようになってからあとでも、いままでに二千年近い歴史があります（紙は紀元前一〇〇年くらいに中国で発明され、三世紀くらいには社会に広く普及していました）。この長い時間ずっと、中国や日本ではたくさんの人がさまざまな必要のもとに、竹や木の札や石、あるいは絹とか紙とか、いろいろなものの上に漢字を書いてきました。

日本でも中国でも、博物館や図書館に行くと古い時代に書かれた手紙や書物の実物がたくさん残っています。そしてそれらを見れば、昔の手紙や書物では実にさまざまな形の漢字が書かれていたことがわかります。

このような字形のバリエーションを調べるには、「書道字典」といわれるタイプのものが便利です。書道字典とは書家が作品を創作するとき、ある漢字をどのように書くかを考えるのに便利なようにと、歴代の有名な書家が書いた形を各漢字ごとにまとめて載せているもので、これを見れば、ある漢字がこれまでどのような形で書かれてきたかが一目瞭然《いちもくりょうぜん》です。

一昔前に書道を習ったかたなら、戦前において漢字研究の権威であった高田《たかだ》忠周《ただちか》（一八六一―一九四六）とか、中国文化や漢字に関して膨大な量の著述を残した後藤《ごとう》朝太郎《あさたろう》（一八八一―一九四五）らの名前を冠した『五《ご》體字《たいじ》類《るい》』（西東書房、一九一六）というものを使われたと思います。

『五體字類』はかつての日本で刊行された書道字典の代表作でしたが、行書と草書に重点を置いており、それより古い隷書《れいしょ》や篆書《てんしょ》の字形があまり載っていないという欠点がありました。やがてその欠点を克服した労作『角川書道字典』（伏見冲敬編、角川書店、一九七七）が広く使われ、さらに近年では最新の出土資料をふんだんに収め、甲骨文字や金文《きんぶん》（青銅器に記さ

さまざまな「格」（『大書源』二玄社）

れた文字）、戦国期の文字資料から清末の書家の書跡まで計二一万字も取りこんだ『大書源』（二玄社、二〇〇七）という学術的価値の高い書道字典が刊行されました。

そんな書道字典を使って、《木》ヘンという部首が過去においてどのように書かれていたかを調べるために、ここで「格」という漢字を例として見てみましょう（『大書源』による）。

中国の有名な書家たちが書いてきたさまざまな「格」という漢字を並べると、右のようになります。「西周金文」や「漢印」の字形など、いまの字形とは大きくかけはなれているものもありますが、それでもほとんどの字形がいまの「格」と同じであることがわかります。

さてこれらの「格」について、《木》ヘンのハネに注目してみましょう。詳しく説明するまでもなく、ざっと眺めただけで、はねているものと、とめているものの両方があることがわかります。

顔真卿の「格」（『大書源』二玄社）

《木》ヘンをはねているもののひとつに、唐の時代の楷書の名手で、中国書道史を代表する書家として昔もいまも書道関係者があこがれてやまない顔真卿《がんしんけい》（七〇九―七八五）が書いた「格」がありますが、ご覧のように《木》ヘンの下をしっかりはねています。この時代ではもちろん毛筆で文字を書いており、《木》ヘンを書こうとして二画目から三画目に移るときに、筆先が紙の上を流れるようになめらかに移動します。それが「はね」になるわけです。

そんな古い時代の書家が書いた漢字など現代の日本には関係ない、と思われるかもしれません。しかし顔真卿が書いた文字はもっとも優美な楷書体として、中国でも日本でも長い時間にわたって多くの人に学ばれてきました。書道を学んだことがある人なら、顔真卿の作品を手本として臨書した経験がきっとあるにちがいありません。

いまの印刷物では明朝体が標準になっていますが、かつて手書きで漢字を書くときには、楷書体がもっとも標準的な書体とされていました。つまり印刷物は明朝体で、手書きは楷書でという区別があったわけです。それはいまも変わっておらず、役所の窓口で住民票などを請求するときの申込書には「楷書でお書きください」という注意書きがつけられていますし、パスポート申請書の姓名欄は、楷書で記入しないと受けつけてもらえません。

日常生活で漢字を手書きで書くときには、楷書体を使うのがいまでももっとも一般的な方法です。その楷書でもっとも美しい形とされる顔真卿の字形は、いまの日本人とも非常に密接な関係をもっているといえます。書き取りの試験でこんども《木》ヘンをはねてバツをつけられたら、では顔真卿が書いている字形はまちがいなのか、と先生に聞いてみることを私はおすすめいたします。

②小学校の教科書ではどんな《木》ヘンでもはねていません。

教科書体という書体

たしかにいまの小学校で使われている教科書では、《木》ヘンの下部がはねられていません。そして小学生用に編集された漢字辞典でも、小学校の教科書に使われている印刷書体で漢字を見出し字に掲げていますので、《木》ヘンの下ははねられていません（図版は光村教育図書『光村漢字学習辞典』）。しかしそれは単に、小学校の教科書が印刷に採用している「教科書体」という書体が《木》ヘンをそのようにデザインしているからにすぎません。

いまの小学校の国語教科書はどこの会社のものでも、明朝体ではなく、「教科書体」という書体で印刷されることになっています。教科書体という書体は、漢字やひらがな・カタカナを、これから文字を覚えようとする小学生にわかりやすく、混乱しないようにとの配慮のもとに、できるだけ手書きの形に近づけてデザインされたものです。

小学生用辞典の「格」

明治時代になって、各地に小学校が建てられたころに使われた教科書は、江戸時代以来の木版印刷で作られていました。その時代には金属活字を使う印刷技術がまだ発達していませんでしたし、それに教科書には挿し絵がたくさん使われるので、活字よりも木版のほうがはるかに便利だったのです。

こうして印刷された初期の教科書では、一般の書物と同じように明朝体が使われていました。明朝体は中国の木版印刷で長い時間をかけて洗練されてきた書体ですから、見かけが非常に美しいものです。しかし見かけ上の美しさを過度に追求してきた代償として、明朝体の字形には手書きで文字を書くときの形と少しずれが生じたものがいくつかありました。

たとえば「めいれい」の「れい」という漢字を考えてみましょう。一般の書物や雑誌に使われる明朝体では「令」という形になりますが、それをいまの小学校教科書で使われている教科書体で印刷すると「令」となります。

どこがちがうか、おわかりでしょうか？　明朝体では《ヘ》の下の部分が《卩》（「節《ふし》」という漢字に使われていることから「ふしづくり」と呼ばれます）と、縦の筆画が上下まっすぐ垂直に引かれていますが、それに対して教科書体ではその部分がカタカナの《マ》のような形になっています。

さてあなたは《令》という漢字を手書きで書くとき、いったいどのように書きますか？　おそらくほとんどの人は《ヘ》の下をカタカナの《マ》のような形に書くのではないでしょうか。

すでにある程度の漢字が読み書きできるようになっている大人が読む印刷物なら、「令」

であろうが「令」であろうが、どちらでも「れい」と読めますから、別にたいした問題でもないし、おそらく気にとめることもないでしょう。しかしこれから漢字を覚えていく子どもたちが使う教科書に「令」という形が出てくれば、なかにはその形で書くべきだと覚えてしまう子どもがいるかもしれません。もしそうなれば、成長して社会に出てから、学校で覚えた形と実際に手書きで書かれるときの形とのあいだにくいちがいが起こります。そこで特に初等教育で使われる教科書には、できるだけ手書きに近い形で文字を表示する必要があると考えられるようになり、そのような観点から、小学生用教科書のための新しい書体が活字で作られました。これが教科書体活字で、その誕生は一九三七年（昭和十二年）のことでした。

戦前は国定教科書でしたから、国営の教科書印刷会社が教科書を印刷していました。それが戦後になって、国定教科書でなくなったあとは、民間の教科書会社が独自に編集し印刷するようになりましたが、それでも教科書会社は戦前の国定教科書に使われていた教科書体に似た文字を開発し、それを使って印刷してきました。

このようないきさつによって、小学校の教科書ではどこの会社のものでも、できるだけ手書きでの形に近づけて設計された教科書体が使われています。しかし手書きに近い形で教科書を印刷する必要があるのは初等教育の段階だけですから、すでに基本的な漢字の読み書き

第三学年	仕死使始指歯詩次事持式実写者主守取酒受州 拾終習集住重宿所暑助昭消商章勝乗植申身神 真深進世整昔全相送想息速族他打対待代第題 炭短談着注柱丁帳調追定庭笛鉄転都度投豆島 湯登等動童農波配倍箱畑発反坂板皮悲美鼻筆 氷表秒病品負部服福物平返勉放味命面問役薬 由油有遊予羊洋葉陽様落流旅両緑礼列練路和 (200字)
第四学年	愛案以衣位囲胃印英栄塩億加果貨課芽改械害 街各覚完官管関観願希季紀喜旗器機議求泣救 給挙漁共協鏡競極訓軍郡径型景芸欠結建健験 固功好候航康告差菜最材昨札刷殺察参産散残 士氏史司試児治辞失借種周祝順初松笑唱焼象 照賞臣信成省清静席積折節説浅戦選然争倉巣 束側続卒孫帯隊達単置仲貯兆腸低底停的典伝 徒努灯堂働特得毒熱念敗梅博飯飛費必票標不 夫付府副粉兵別辺変便包法望牧末満未脈民無 約勇要養浴利陸良料量輪類令冷例歴連老労録 (200字)

「学年別漢字配当表」の一部

を習得している中学生や高校生が使う教科書は、ふつうの書物と同じように明朝体で印刷されています。よく見ると気づきますが、いまの小学校の教科書と中学校以上の教科書では活字の書体が実はことなっているのです。

　小学校では手書き文字に近い形で漢字の書き方を教えるということは、もちろん正規の教育方針として定められています。学校教育の基礎的な指針を定めた文部科学省の「学習指導要領」はどの教科のものでも、一般の印刷物と同じように明朝体で印刷されていますが、そのなかに含まれている国語の「学年別漢字配当表」（各学年ごとに学習する漢字の一覧、三〇ページ参照）の部分だけは、いまも教科書体で印刷されています。さきほど例としてあげた「令」と、それを字形中に含む「冷」はどちらも四年生に配当されていますが、「学年別漢字配当表」では《ヘ》の下の部分がカタカナの《マ》のような形で印刷されていることがご覧いただけると思います。

教科書体の「令」と「冷」

教科書体と明朝体のちがい

　教科書体と明朝体の見かけ上のちがいによる混乱は、ここに取りあげた「令」だけにとどまらず、ほかに「比」や「衣」、「氏」という漢字についても指摘できます。
「比」は五年生で習う漢字で、二人の人間が横に並んでいるさまをかたどった形から「ならぶ」という意味を表し、さらに意味が広がって「くらべる」という意味に使われるようになりました。さてこの漢字は教科書体で印刷される小学校の教科書では、「比」という形で出てきます。この形を実際に手で書いたら、誰だって四画になります。しかしこの字が中学・高校の教科書、あるいは一般の書物で明朝体で印刷されるときには、「比」という形になります。この明朝体の「比」という形をじっくり見ると、二画目の縦線を書いたあと左下の部分で一度筆をはなし、それから右上へとはねあげているように見えます。よく観察すれば左下の部分を一筆書きで書いているようには見えないので、結果的にその部分が二画になって、全体では五画になってしまいます。

　しかしこころみに漢字辞典を調べていただきたいのですが、どんな辞書でも「比」は必ず四画の漢字とされていますし、辞典の表紙見返しにある部首一覧のなかでは、四画の部分に《比》という見出しが立てられています。《比》部に入る漢字は実際には非常に少なく、いまの日本で見かけるのは「毘」（毘《び》沙門天《しゃもんてん》というときに使われます）くらいですが、その「毘」だって、教科書体で印刷するなら「毘」となるはずです（実際には小学校の教科書に「毘」は出てきませんが）。

明朝体の「比」を手で書けば五画になるのに、しかし明朝体で印刷されている漢字辞典では四画の漢字とされています。思えばとても不思議なことなのですが、このくいちがいについては、学校でもこれまであまり明確に説明されることがなかったという気がします。高等学校で国語の教師をしている私の教え子は、あるとき生徒からこの点について質問を受け、「比」の左下はがんばって一画で書くのだ、と苦しまぎれに説明したと苦笑していましたが、この矛盾は簡単に説明でき、本来は四画の「比」が明朝体では五画に見えるようにデザインされた、というだけの話です。

「衣」と「氏」についてもまったく同様です。「衣」は六画、「氏」は四画の漢字で、手書き（そして教科書体も）ではそれぞれ「衣」、「氏」と正しい画数で書かれていますが、明朝体ではやはり左下の部分にデザイン的加工をしていて、一画多く見える形になっています。

ここまでちょっとややこしい話をしてきましたが、要するに同じ漢字ならどの書体で印刷しても同じ形になる、というわけではないということを覚えていただきたいと思います。現実の社会では、個人レベルでもポスターのデザインや年賀状作りなどの場でさまざまな書体を使いわけていて、そのことを私たちはとりたてて不思議にも思いません。しかし学校で教わる漢字の形に関しては、画数とか、はねる・はねないというように非常に細かいところが、不必要なまでに問題とされることがあります。これが漢字嫌いの子どもを増やす大きな原因になっていることはまちがいありません。小学校と中学校の教科書では書体によって漢字の姿がことなっているという事実が、世間ではあまり知られていません。そのことが日本の漢字教育に携わる人々にもっともっと重視されるべきでしょう。

書き取りの答案を採点するときに、「はねる・はねない」などの微細な点にこだわるのは、印刷される漢字と手書きの漢字は必ずしも同じ形ではないということをまったく理解していないからにほかなりません。現実の社会で一般人が漢字かなまじり文で日本語の文章を書くとき、漢字を印刷物にあるままの明朝体の形で書いている人など、現実には誰もいません。書き取りの試験で厳しい採点をする先生だって、日常生活において辞書に印刷されている通りに漢字を書いている、などとは私にはとうてい思えません。

③それなら「はねる・はねない」なんかどちらでもいい、というはっきりとした証拠はありますか？

漢字教育における根本的な欠陥と私には感じられるのですが、「はねる・はねない」とか、「交わる・交わらない」など、非常に細かい差にこだわる先生方は、「常用漢字表」に述べられている「デザイン差」に関する記述をきっとご覧になったことがないのだろうと思います。

実はここまで書いてきたことは、ほとんどが「常用漢字表」に載せられている「デザイン差」に関する記述に述べられていて、それを一読すれば簡単にわかることばかりなのです。「常用漢字表」は正式には政府が発布する内閣告示ですから、文化庁が刊行している正規の刊行物は官報販売所などに行かないと入手できないかもしれません。しかし近年に刊行された国語辞典や漢字辞典なら巻末の附録に必ずといっていいほど「常用漢字表」がついていますし、最近ではインターネットでも簡単に閲覧できます。

その「常用漢字表」の最後に「デザイン差」に関する説明がついていて、「常用漢字表」(平成二十二年内閣告示第二号)の「(付)字体についての解説」第一にある「明朝体のデザインについて」には、次のように述べられています。

常用漢字表では、個々の漢字の字体(文字の骨組み)を、明朝体のうちの一種を例に用いて示した。現在、一般に使用されている明朝体の各種書体には、同じ字でありながら、微細なところで形の相違の見られるものがある。しかし、各種の明朝体を検討してみると、それらの相違はいずれも書体設計上の表現の差、すなわちデザインの違いに属する事柄であって、字体の違いではないと考えられるものである。つまり、それらの相違は、字体の上からは全く問題にする必要のないものである。以下に、分類して、その例を示す。
なお、ここに挙げているデザイン差は、現実に異なる字形がそれぞれ使われていて、かつ、その実態に配慮すると、字形の異なりを字体の違いと考えなくてもよいと判断したものである。すなわち、実態として存在する異字形を、デザインの差と、字体の差に分けて整理することがその趣旨であり、明朝体字形を新たに作り出す場合に適用し得るデザイン差の範囲を示したものではない。また、ここに挙げているデザイン差は、おおむね「筆写の楷書字形において見ることができる字形の異なり」と捉《とら》えることも可能である。

例によってこれも役所特有のわかりにくい文章ですが、述べられていることのポイントは、同じ明朝体活字のなかでも活字設計において微細な差異があり、それは「字体の違いではない」と明言しているところです。要するに、印刷されている明朝体だけにかぎっても、一見したところちがった形に見えるものがあるが、それは単にデザインのちがいであって、同じ文字であると判断しなければならない、ということです。そしてさらに、活字印刷の範囲だけでなく、印刷字形と手書き字形のあいだについても、「第2　明朝体活字と筆写の楷書との関係について」で、次のように述べています（一部要約したところがある）。

常用漢字表では、個々の漢字の字体（文字の骨組み）を、明朝体活字のうちの一種を例に用いて示した。このことは、これによって筆写の楷書における書き方の習慣を改めようとするものではない。字体としては同じであっても、1、2に示すように明朝体の字形と筆写の楷書の字形との間には、いろいろな点で違いがある。それらは、印刷文字と手書き文字におけるそれぞれの習慣の相違に基づく表現の差と見るべきものである。（傍線は阿辻）

そして以下に具体的な例があげられており、その2「筆写の楷書では、いろいろな書き方があるもの」として、

（1）長短に関する例　雨　戸　無
（2）方向に関する例　風　比　仰　糸ヘン　示ヘン　衣ヘン　主　言　年
（3）つけるか、はなすかに関する例　又　文　月　条　保
（4）はらうか、とめるかに関する例　奥　公　角　骨
（5）はねるか、とめるかに関する例　切　改　酒　陸　穴カンムリ　木　来　糸

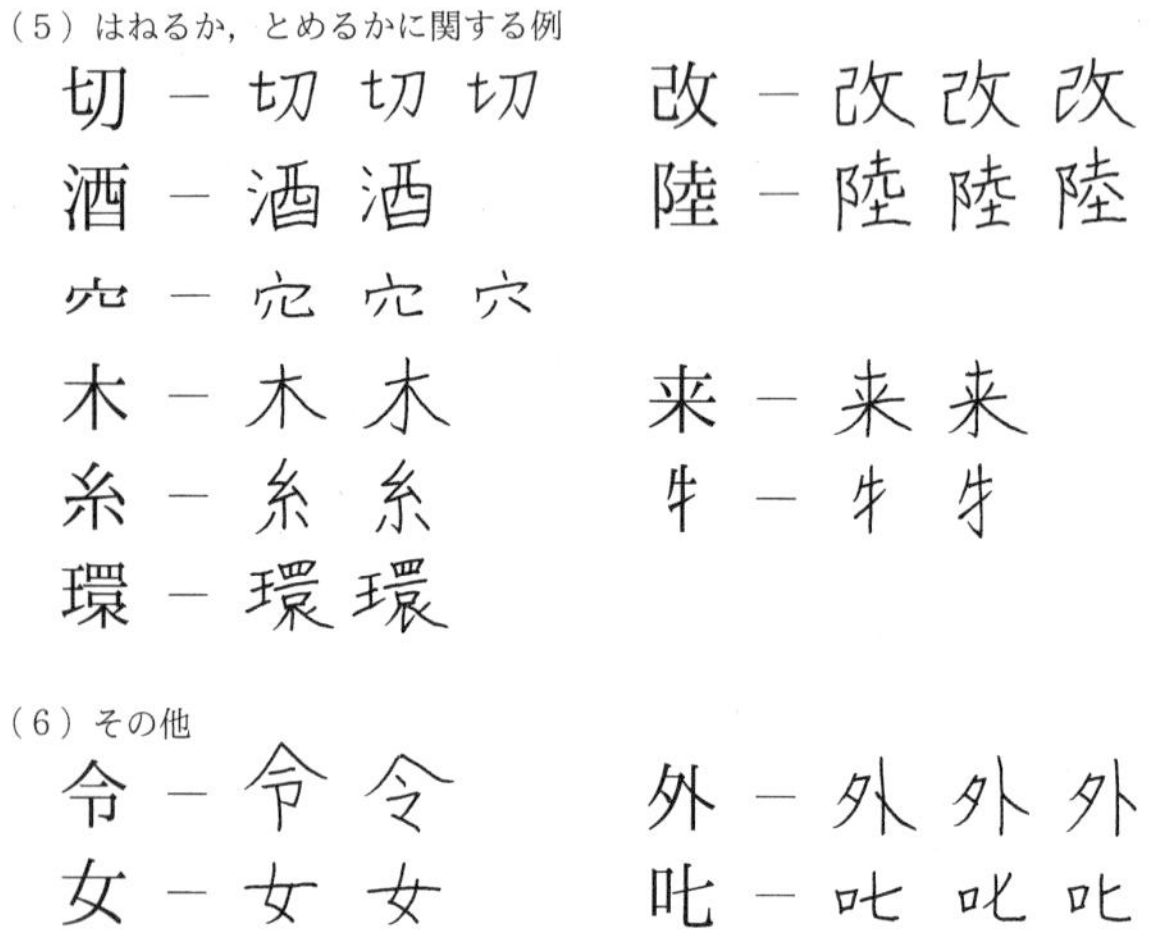

「改定常用漢字表」（平成二十二年内閣告示第二号）のその2
「筆写の楷書では、いろいろな書き方があるもの」の例

牛ヘン　環

（6）その他

令　外　女　叱

という項目が立てられています。

ここが非常に重要なポイントです。そしてこの「（5）はねるか、とめるかに関する例」という項目を見れば、《木》ヘンをはねたらまちがいだ、という議論が根本的に成立しないことがわかります。

また「（6）その他」にもさきほど紹介した「令」をめぐる問題が取りあげられており、さらに世間でしばしば耳にする、「女」という漢字についての微細なちがいについても触れられています。

「女」について小学校では、三画目の横線と二画目の《ノ》が交わらなければバツで、二画目と三画目の線の下は接する形で書いてはならない、と教えられると聞いたことがあります。知人の息子さんがそれで減点され、そのことの当否について電話で質問されたこともあります。しかしこれについても、このデザイン差の説明を見れば、どちらでもいいことがわかるでしょう。

漢字を正しく書けるように教えること、特に小学生に対する漢字の指導は、実際には非常に難しく、厳しい仕事だろうと思います。学年別に指定されている漢字の読み書きを子どもたちに習得させるために、先生方は毎日多くの苦労と研鑽《けんさん》を積んでおられるにちがいありません、そのことについては私も心より敬意をはらいます。しかし現実の社会では、書道芸術での作品やグラフィックデザインのように、文字の造形を美的に扱う領域はいうまでもなく、商店のロゴマークや食堂のメニュー、あるいは一般人が手書きで書く書類や手紙において、自由な、むしろ奔放といってもいい形の文字が使われることだって珍しくありません。子どもたちは学校を離れた場では、街中の看板や漫画雑誌などでたえずそのような形の漢字に接触しています。そのことは決して漢字の混乱ではなく、文字文化の豊かな広がりととらえるべきです。しかしそれが学校教育の場では、漢字についてただ一通りの書き方しか許されないというのは、どう考えても理不尽です。

もちろん特に一年生や二年生のような識字教育の基礎段階で、文字の自由な造形の美しさを追求し、「どう書いてもかまわないんだよ」と教えることは許されないでしょう。しかし常用漢字表に明確に規定されているデザイン差の定義をまったく無視して（あるいは存在すら知らずに）、過度の厳格さをもって一点一画に拘泥し、教科書や辞書で印刷されている形を忠実になぞるように書くことを子どもたちに要求するのは、行きすぎ以外のなにものでもありません。

重箱の隅をつつくかのように、漢字を教えるときに枝葉の問題にばかりこだわって教えた反作用として、「漢字は難しいから大嫌いだ」と感じる子どもが増えることだけは、絶対に避けていただきたいものです。

3時間目
音読みと訓読みについて

漢字にいろいろな読み方があるのはどうしてですか？

音読みと訓読み

漢字の難しさは書くことだけではなく、読み方にもあります。たとえば「会」は「あう」のほか、「カイ」（会議）とか「エ」（会釈）と読みわけなければなりませんし、「楽」は「音楽」と「快楽」で音読みがことなります。「生」という漢字は「いきる」とも「なま」と読み、また「セイ」（生物・学生）とも「ショウ」（殺生・生涯）とも読まれます。「生一本《きいっぽん》」ということばなど、日本語を学ぶ外国人にとってはさぞかし難しいものであるにちがいありません。

このように意味に応じて漢字を正しく読みわけるのは、小中学生だけでなく、大人だってまちがうことがよくあります。数年前のことですが、「未曽有」を「みぞうゆう」と読んだ人がいました。彼はたまたま首相だったので、あちらこちらからさんざんこきおろされましたが、もしそれがそのへんのおじさんおばさん、あるいは高校生だったら、「それは『みぞう』と読むんだよ、これから覚えておこうね」というくらいの注意ですんだにちがいありません。

読みが難しいだけでなく、なかには「発足」を「はっそく」とも「ほっそく」とも、「重複」を「ちょうふく」とも「じゅうふく」とも、「施工」を「せこう」とも「しこう」とも読むことがあるように、読み方に「ゆれ」があるものもあります。さらに面倒なことに、使い方によって読み方が変わるものもあって、「生物」は文脈によって「いきもの」とも「なまもの」とも読まれますし、「競売」を一般の人は「きょうばい」と読みますが、裁判などで使われる法律用語では「けいばい」と読まれます。

このように同じ漢字を何通りにも読みわけることは、他の国で使われる文字にはめったにない、漢字特有といえる現象なのですが、ともあれ日本でも漢字を中国から受け入れ、長い時間にわたって使いこなしてきた歴史を通じて、歴代の日本人は漢字の読みわけについて正しい知識をもつことを要求されてきました。

漢字は中国で生まれた文字で、中国では「山」という漢字は shān（現在の標準語での発音）としか読まれませんが、それが日本に伝わってきた経緯によって音読みと訓読みという区別ができ、「山」という漢字について「サン」（富士山）と「やま」（山登り）というちがう読みをしなければなりません。いったいなぜこのようなことが起こったのでしょうか。

世界中どこの地域でも、文字が使われるはるか前から、音声によることばがありました。人類は文字が発明される何十万年も前から、音声言語だけでコミュニケーションをとってきました。それに対して、文字が発明され、使われるようになったのはたかだか数千年前のことにすぎません（世界最古の文字が作られたのはだいたい紀元前三五〇〇年くらいのことと推定されています）。

中国で漢字が使われるようになってからいままでおそらく三三〇〇年ほどになりますが、それが日本に伝わって、たくさんの日本人が漢字を使うようになったのは、約一七〇〇年ほど前、四世紀からあとのことと考えられます。

日本に漢字が伝わるはるか前から、日本人は地表から高くもりあがった地形のことを、口から発する音声で「やま」と呼んでおり、また塩水をいっぱいたたえ、魚や貝などがたくさんいるところを「うみ」と呼んでいました。同じように自分を生んでくれた女性のことを「はは」、ものを見るときに使う器官のことを「め」と、音声言語で呼んでいました。その後、漢字が中国から伝わってきたときにも、それぞれの漢字が表している意味を日本語の音声によることばにひきあてて、「山」を「やま」、「海」を「うみ」、「母」を「はは」、「目」を「め」と読むようになりました。こうしてできたのが漢字の訓読みです。だから訓読みは文字を見なくても、耳で聞くだけでだいたいその意味がわかります。

訓読みがあるのは日本語だけではありません。かつては朝鮮語やベトナム語などにも訓読みに相当する読み方がありましたし、私はサンフランシスコのチャイナタウンでお昼ご飯を食べたとき、漢字で「炒飯」と書かれた紙が壁に貼られているのをアメリカ人が指さしながら、「fried rice」と注文するのを見たことがあります。おそらく漢字がわかるアメリカ人だったのでしょうが、その人は「炒飯」という漢字を英語で訓読みしたわけです。

漢音、呉音、唐音

このようにそれぞれの言語でのことばにひきあてて漢字を読むのが訓読みであるのに対して、漢字を中国語の発音のまま（もちろん若干の変化が起こりますが）で読んだのが音読みです。

いま私たちが使っている漢字の音読みは、昔の中国で使われていた漢字の発音が日本語に取りこまれて定着した読み方であり、それはもとになった中国語の時代と地域の差によって、「漢音《かんおん》」と「呉音《ごおん》」、それに「唐音《とうおん》」という三種類にわけられます。

呉　音

そのうちいちばん早く日本に伝わった読み方が呉音です。「呉」とは中国の春秋時代、具体的には紀元前六世紀から前五世紀にかけて、いまの蘇州《そしゅう》を都とした国の名前で、夫差《ふさ》という王とそのライバル国家「越《えつ》」の王句践《こうせん》とのあいだに繰りひろげられた「臥薪嘗胆《がしんしょうたん》」の物語や、あるいは「仲の悪いもの同士でも、たまたま一緒にいあわせているときに緊急事態になれば団結して行動をともにする」ことをいう「呉越同舟《ごえつどうしゅう》」ということばで歴史に名を残しています。

その呉がほろんで六百年ほどたったころ、孫権《そんけん》（一八二―二五二）という人物がやはり「呉」という名前の国を建てました。「魏《ぎ》」や「蜀《しょく》」と並んで、講談や小説、最近では人形劇やアニメ、あるいはパソコンゲームでおなじみの『三国志』に出てくるあの国です。

孫権が建てた呉はいまの南京《ナンキン》を都としたので、それからあと「呉」という漢字で長江《ちょうこう》（揚子江《ようすこう》）下流の地域を表すようになりました。ちなみに和服のことを「呉服」というのも、通説によれば、この呉という地域での絹織物の織り方が渡来人によって日本に伝えられ、その方式で織った絹の反物を「呉の服」という意味で呼んだのが語源とされています。

このように昔の国名が地名として使われるのは、「薩摩《さつま》」で鹿児島県を表し、「越後《えちご》」で新潟県を表すのとまったく同じことですが、もちろん中国がそのやり方の本家です。

日本に漢字の読み方や使い方が伝わってきたのはだいたい三世紀のころからあとと考えられ、そのころの中国では政治や文化の中心地が長江下流域にありました。特に南京がその中心地であり、孫権の呉からあとも南京を首都として、東晋《とうしん》・宋・斉《せい》・梁《りょう》・陳《ちん》の各王朝が次々に建てられました。これらの王朝を総称して「六朝《りくちょう》」と呼びます。

ところで日本にはもともと文字がなく、日本人がはじめて接触した文字は、中国で使われていた漢字でした。しかしそれは、あらかじめローマ字やアラビア文字、あるいはロシア語などに使われるキリル文字など数種類の文字があって、古代の日本人がそのなかから漢字を選んだというわけではありません。日本人が選ぶことができた文字は漢字しかなく、その選択は日本の地理的状況による、必然的な結果でした。

東アジアには中国というずばぬけて質の高い文明を展開している大きな先進国があったので、日本を含む周辺の国々は早い時期から中国に使者を派遣し、思想や宗教、芸術、あるいはさまざまな技術などの高度な文明を吸収してきました。それは実際には漢字で書かれた文献を読むということを通じておこなわれた文化の伝播《でんぱ》でしたから、東アジアでの国際交流の中心にあったのは漢字でした。それまで文字をもたなかった日本も、このような過程を通じて中国から文字を受け入れ、それで日本語の文章を書き表せるように工夫してきました。そのときに中国語での漢字の読み方がたくさん日本語のなかに入ってきました。それが音読みです。

日本人に漢字の使い方や発音などをはじめて教えたのは、朝鮮半島南西部にあった百済《くだら》（三四六―六六〇）から渡ってきた人だったと思われます。『古事記』や『日本書紀』には、応神《おうじん》天皇の時代に王仁《わに》（また「和邇」とも）という人が『論語』と『千字文《せんじもん》』（漢字を覚えるための教科書）を日本にもってきた、と記されています。大阪府枚方《ひらかた》市には王仁の墓と伝えられるところがあり、韓国でも全羅南道《チョルラナムド》の霊岩《ヨンアム》郡というところに王仁の遺跡といわれるものが存在しますが、王仁はおそらく架空の人物です。『千字文』は南朝・梁の周興嗣《しゅうこうし》（四七〇？―五二一）が作ったものですが、周興嗣が生まれたときの日本は雄略《ゆうりゃく》天皇の時代ですから、応神天皇のときはまだ周興嗣は生まれてもいませんでした。

『論語』と『千字文』が早くに日本に伝わったことは確実ですが、実際に誰がそれらの書物をもってきたのか、その名前や渡来した時期など詳しいいきさつはいっさいわかりません。それでも百済からの渡来人が中国の高度な文明と漢字で書かれた文献を日本に伝えたことは、おそらくまちがいない事実です。

　その百済は四世紀中ごろから、南京に都を置いた王朝とさかんに交流していました。左の絵は梁（五〇二―五五七）の朝廷にやってきた外国からの使者の姿を描いた「職貢図《しょくこうず》」という絵巻で、それぞれの使者の絵のあとに、各国の位置や風俗習慣などが記されています。このオリジナルの絵には三五の国からの使者が描かれていたそうですが、すでになくなってしまっており、いまは北宋《ほくそう》時代の熙寧《きねい》十年（一〇七七）に作られた模写（中国国家博物館所蔵）に一二の国の部分が残っているだけです。しかし幸いなことに「倭《わ》」からの使者の姿を描いた部分（図版左端）は残っており、その絵は中国人がとらえた当時の日本人の姿を示すもの

「職貢図」左端が倭国使、右端が百済使（シーピーシー・フォト）

としてまことに興味ぶかい資料です。

そしてこの絵の右端に描かれているのが百済からの使節で、ご覧のようにバリッとした正装で、見事な衣冠束帯の姿です。それに対していちばん左に描かれているわれらがご先祖さまは、ザンバラ髪で胸をはだけ、腰には荒縄をしばってベルトにしており、靴も履いていません。これが当時の日本の実情で、それにくらべると百済が日本より文化的にはるかに進んでいた国であることがよくわかりますが、それは百済が六朝の国々と積極的に交流していたからにほかなりません。

中国の王朝と交流をもっていた百済では早くから漢字を使っていましたが、その漢字音は、南京を中心とする長江下流域地方の発音を基礎とするものでした。この発音を百済からの渡来人が日本人に教えたのですが、南京はまさに「呉」の地域ですから、日本人が百済人から教わった漢字音を「呉音」と呼びます（ただし「呉音」とはのちに「漢音」が伝わってからあとに両者を区別するために作られた名称ですから、最初からその呼び方があったわけではありません)。時代的にはだいたい五世紀から六世紀あたりのことと考えられます。

漢音

ところが中国が南北に分裂していた状態を約三百年ぶりに隋《ずい》が統一し(五八九)、さらにあとを受けた唐が大帝国を建てると(六一八)、都とされた長安《ちょうあん》(現在の西安《せいあん》)が、当時の世界で文化水準がもっとも高い大都市となりました。長安には西方はるばるペルシャからも多くの商人がやってきて、さまざまな商品が市にあふれ、エキゾチックな雰囲気が濃厚にただよっていました。しかし長安は中国全体から見れば西北にかたよったところにあります。かつての文化中心地であった南京など長江下流域とは風土も生活習慣もことなっており、ことばについても、長江下流域と長安では漢字の発音がかなりちがっていました。

七世紀から八世紀にかけて、日本から数多くの遣唐使《けんとうし》が派遣され、その長安に滞在しました。遣唐使は唐から当時の世界で最先端にあった知識や技術、文化などを取り入れるため、六三〇年から八九四年までおよそ二〇回派遣され(回数については異説もあります)、大使・副使以下数十名から構成された一行に、留学生として選ばれた若い秀才や僧なども加わって、何隻も船を連ねて唐に向かいました。

国家派遣の大きな使節ですが、羅針盤もない木造船で荒海に乗りだす航海ですから、それはまさに命がけの使節団でした。それでも遣唐使のなかには、現在にまで名前を残す高名な文化人もいます。たとえば現在の岡山県に生まれた下道真備《しもつみちまきび》（のち吉備真備《きびのまきび》と呼ばれる）は七一七年、二十二歳のときに遣唐使として長安に入って以後、実に一八年にわたって長安で儒学のほか天文学や音楽、兵学などを学び、七三五年に多数の書物や楽器などをもって帰国しました。これほど長く長安に滞在して勉強した人物ですから、当時の長安で話されていた中国語をほぼ完璧《かんぺき》に習得していたことはまちがいありません。ちなみに真備は七五一年にも遣唐副使として再び唐に渡り、二年後に当時の中国でもっとも高徳の僧とされた鑑真《がんじん》和上を伴って帰国しています。

吉備真備のような国家派遣のエリート使節だけでなく、仏教の奥義をきわめようとする僧たちもこの船で唐に渡りました。天台宗《てんだいしゅう》の開祖である最澄《さいちょう》（伝教大師《でんぎょうだいし》）は現在の滋賀県大津市に生まれ、十二歳のときに出家して研鑽を積んだあと、「入唐求法《にっとうぐほう》の還学生《げんがくしょう》」（短期留学生）に選ばれて八〇四年に唐に向かい、天台山《てんだいさん》に入りました。このときの遣唐使節団の一行には空海《くうかい》（弘法《こうぼう》大師）もおり、最澄とは別の船に乗っていました。空海はそのまま長安に滞在して仏教の研鑽にはげみ、帰国後に真言宗《しんごんしゅう》を開いたことはよく知られている通りです。

このような遣唐使や留学僧たちが、帰国したあとに、長安での漢字の読み方を日本人に教えました。こうして日本語のなかに取りこまれた漢字の読み方が漢音で、基礎となったのは長安や第二の都であった洛陽《らくよう》などで使われていた発音であるといわれています。

ちなみに「呉音」という名称に使われる「呉」が長江下流域という地域を表す漢字であったのに対して、「漢」は「漢文」や「漢方薬」というように、中国全体を意味して使われる漢字です。

要するに、漢字の音読みは古代中国での漢字の発音が日本語に入ったもので、実際には古代中国語の日本方言と呼んでもいいものです。はじめは百済経由で日本に入ってきた長江下流域の発音で漢字を読むのが主流でしたが、やがて唐との交流がさかんになった八世紀あたりから新しい漢字音が伝わり、その学習が広まると、二種類の音の使用が対立して混乱が生じてきました。そこで漢字の読み方を統一するために、桓武《かんむ》天皇（七三七―八〇六）が漢音の使用を奨励し、漢音の学習を義務づける命令を出しました。日本語での漢字の読み方について天皇じきじきに方針を決めて命令を出したのですから、その時代における漢字の受容は、まさに国家レベルの重要な事業だったわけです。

漢音と呉音の「すみわけ」

こうして平安時代以降は漢音が正当な音読みとされるようになりました。いまでも私たちが使っている音読みは圧倒的に漢音が多いのですが、しかしすでに日本語のなかにすっかり定着しており、特に仏教経典を読むのに広く使われていた呉音を全面的に廃止するのはとうてい不可能でした。いくら天皇の命令が出たといっても、それ以後に呉音がまったく使われなくなったというわけではありません。

こうしてそれからの長い時間のあいだ、漢音と呉音に「すみわけ」ができるようになりました。先に伝わった呉音は、「極楽」（ゴクラク）、「灯明」（トウミョウ）、「勤行」（ゴンギョウ）というように主に仏教関係のことばに使われ、それに対して漢音は主に儒学の経典を学習するときに使われました。また近代になって西洋から流入したことばを翻訳するために作られた「経済」（経は呉音キャウ）や「歴史」（歴は呉音リャク）、「物理」（物は呉音モチ）などの和製漢語にも、もっぱら漢音が使われました。そこには平安時代以後、仏教には呉音が、儒学などの学問には漢音が使われるという伝統が反映されていると考えていいでしょう。

専門の研究者や辞書編集者などは別として、私たちが日ごろ漢字を音読みで読むとき、それが呉音なのか漢音なのかを意識することはまずありません。しかし実際に私たちは日常生活のなかで漢音と呉音を習慣的に使いわけていて、たとえば「行」という漢字について、「銀行」では漢音のコウ（カウ）を、「修行」では呉音のギョウ（ギャウ）を使います。

ただし日本語で使う漢字の音読みすべてに、漢音と呉音のどちらもが備わっている、というわけではありません。漢和辞典を繰ってみるとわかりますが、「専」（セン）や「川」（セン）、「乱」（ラン）のように呉音がなく、漢音しかない漢字もたくさんあります。

唐音

そして漢音と呉音のほかに実はもうひとつ、長い日中交流のなかでさまざまないきさつによって入ってきた漢字の音読みがあって、それを「唐音《とうおん》」と呼びます。「唐」という漢字が使われていますが、李白や杜甫がいたあの唐の時代の発音を示しているわけではなく、実際には宋からあと元・明・清の時代まで、日本の歴史でいえば平安中期（一〇世紀ごろ）から江戸末期（一九世紀）あたりまでに、中国からやってきた商人や禅宗の僧侶《そうりょ》たちが話す中国語から日本語に取り入れられた漢字の読み方の総称です。その字音のルーツは、時代的に広い範囲にわたるだけでなく、地域的にも主に南方の広い範囲での字音が基礎となっています。

唐音について学校ではあまり詳しく習わないようですが、実際によく使われる例としては、「行火」（アンカ）や「行脚」（アンギャ）で「行」をアンと読み（「行灯」〔アンドン〕では漢音トウの「灯」にも「ドン」という唐音が使われています）、「普請」の「請」をシンと読み、「風鈴」の「鈴」をリンと読むなどがあげられます。

特に近世の中国語での単語が外来語として日本語に入ったものには、しばしば「唐音」が使われます。右に述べた「行火」や「行灯」はその例ですし、禅宗の僧侶はお経を読む「看経」という行為をカンキン、寺院でのトイレにあたる「東司」をトンスといいます。ちなみに鎌倉時代以後に日本に伝わってきた曹洞宗《そうとうしゅう》や臨済宗《りんざいしゅう》、あるいは黄檗宗《おうばくしゅう》などの禅宗では唐音を使うことが多く、「和尚」を「オショウ」（オが唐音）と読みます。鎌倉時代以後に成立した浄土宗《じょうどしゅう》や浄土真宗《じょうどしんしゅう》でもその読み方が使われますが、もっと古く平安時代に成立した律宗《りっしゅう》や法相宗《ほっそうしゅう》、真言宗では「ワジョウ」と呉音で読み、天台宗や華厳宗《けごんしゅう》では漢音で「カショウ」と読みます。仏教での宗派内部における伝承の厳格さが現れている、興味ぶかい事例のひとつです。

私たちが日常的に使っている「椅子」や「蒲団《ふとん》」ということばにも、唐音が使われています。「椅子」や「蒲団」は明から清の時代にかけて長崎を舞台とした貿易商人や唐通事《とうつうじ》（中国語の通訳）たちが日本語に取りこんだことばであり、そこに「子」をス、「団」をトンと読む唐音が使われています。

「のれん」もその例です。呉服屋や和菓子屋など日本の伝統的な商品を扱う店や、あるいは料亭や居酒屋などでは、布に店名を書いたり染めぬいた「のれん」がよく店頭にかけられていますので、いかにも日本で発明されたもののような気がしますが、実は「暖簾」という漢字語の唐音読み「ノンレン」が変化したものです。

中国の北方では厳寒期に外から冷たい風が建物の内部に入ってくるのを防ぐために、玄関や部屋の出入り口に地面まで届く厚い布、または綿入れで作ったカーテンをかけていました。それが「暖簾」で、「暖」という字が使われているのはもちろん保温用の道具だからです。あるとき中国からやってきたお客様を案内して京都の居酒屋に出かけたところ、入り口に「縄のれん」がかかっていました。これは何かとたずねるので、日本式の「暖簾」の一種であると説明すると、こんなものでは保温効果がまったくないではないか、とその中国人は驚いていました。

ちなみに、いまの中国語のなかには、日本に残っている唐音での読みに比較的近い発音のことばがあります。先に例をあげたことばでいえば、「椅子」は「イーズ」、「鈴」は「リン」というような発音ですし、「東司」を現代の中国語で読めば「トゥンスー」、「暖簾」は「ノワンリエン」というような発音になります。しかしそれはもともと新しい時代の中国語に由来する唐音だからであって、もっと古い時代に伝わったことばは、現代中国語での発音と音読みがかなりかけはなれています。やはり右にあげた例についていえば、「経済」は「ジィンジィー」、「歴史」は「リィーシィー」、「物理」は「ウーリィー」というような発音になります。

このように日本語の音読みと中国語での発音がかなり大きくちがうようになったのは、もとになる発音の地域がちがうからです。かつての中国の中心は南京や長安で、日本に伝わった漢字の発音はその地域での読み方であったのに対して、現代中国語は北京《ペキン》での発音を基礎としています。中国はロシアを除くヨーロッパがすっぽり収まるほど広い面積をもつ国ですから、北京と長安（現在の西安）は、たとえていえばデンマークとフランスくらいの隔たりがあるといっても過言ではありません。いまから一〇〇〇年以上も前の南京や長安の発音が音読みとして残っている日本語と、一三世紀にモンゴル族が建てた元王朝が首都としてから政治経済の中心となった北京での発音のあいだに、大きなちがいがあるのも当然です。

4時間目
筆順について

①漢字の筆順って、ちゃんと覚えないとだめですか？

「はねる・はねない」と同じように、漢字の筆順（「書き順」ということもあるようです）についても、テストで泣かされた小中学生がきっとたくさんいることと思います。また学生時代の苦い記憶だけではなく、社会人になってからも、職場の同僚や友人たちの前でなにげなく漢字を書いたところ「筆順がちがうよ」と指摘され、ひどいときには笑われた経験をもつかたもおられるのではないでしょうか。

小学校の国語教科書や子ども向けの辞書などには、小学校で学習する漢字（教育漢字）について一画ずつ書いていく順番を示した図版がよく載っています。また国語のテストでも、たとえば「『草』の下部にある長い横線は何番目に書きますか？」というような問題が出題されることがあるので、漢字は教科書や辞書に示されている通りの筆順で書かないといけないと思いこんでいる人もたくさんおられます。

しかし結論をいえば、漢字は昔からずっと同じ筆順で書かれてきたわけではありません。極端な例ですが、いま見ることができるいちばん古い漢字である「甲骨文字」では、まず文章全体の縦線ばかりを刻み、それから甲羅や骨を九〇度回転させて、横線の部分を刻んでいったと考えられています（縦線ばかり刻まれて横線がまったく刻まれていない甲羅や骨がたくさん発見されています）。また中国での木版印刷で版木に文字を刻む場合にも、版木を彫る職人たちがそのような方法をとったこともありました（五五ページ参照）。

甲骨や木版印刷の版木に文字を刻むというのはかなり特殊な状況で、一般人にはまったく縁がないことですが、しかし紙の上にごくふつうに毛筆で書かれた漢字のなかにも、ある漢字についてことなった筆順で書かれていると考えられるものがあります。

左に掲げた図版は非常に有名な二人の書家が書いた「右」という漢字です。上は明末清初の書家で、古典作品の臨書をおこなった翌日は自由に書を書くという習慣を生涯守り通

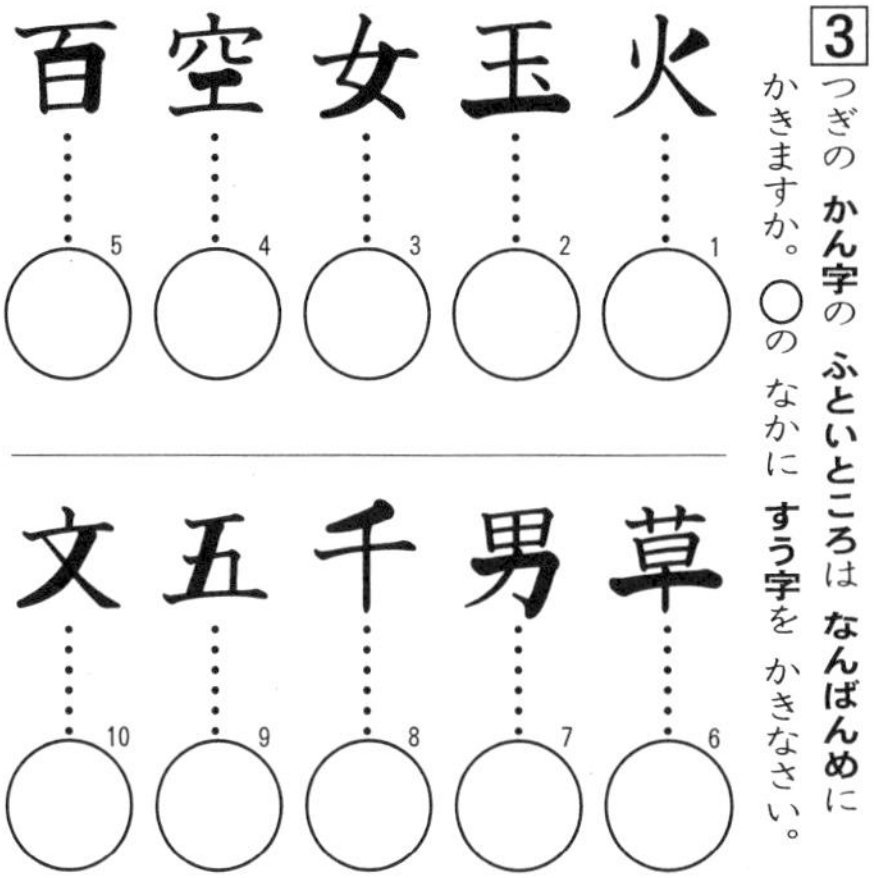

筆順の問題の例（日本漢字能力検定協会）

上は明の王鐸が書いた「右」、下は明の傅山が書いた「右」（『大書源』二玄社）

小学生用の辞書の「左」「右」の筆順
（『光村漢字学習辞典』光村教育図書）

したという王鐸《おうたく》（一五九二―一六五二）が書いた「右」という漢字ですが、その筆遣いをよくよく観察してみると、はじめに〝ノ〟を書いてから〝一〟を、つまり縦から横の順に書いていることがわかります。王鐸の特徴である躍動感あふれる自由な筆遣いが見て取れますが、それに対して、同じく明末清初の書家で、王羲之《おうぎし》や王献之《けんし》、顔真卿など唐以前のものを学び、篆・隷・楷・行・草の各書体に通暁していたと評価される傅山《ふざん》（一六〇七―八四）が書いた「右」は、横画の入り方から推察すれば、〝一〟から〝ノ〟へと、横から縦の順に書いているようです。

漢字の筆順について「厳しく指導する」先生は、「右」と「左」という二つの漢字の筆順について、「右」は〝ノ〟が先、「左」は〝一〟が先、とそのちがいをやかましくいいます。小学生用の辞書でも、実際にそのように書かれています。

これについてはテレビの雑学系クイズ番組に出題されることまであるので、「筆順問題の定番」のようですが、しかし論より証拠、実際のところはそれほど厳密に決まっていたわけではありません。

日本の漢字教育関係者はあまりご存じないようですが、中国の学校で教えられる筆順では、「右」も「左」もどちらも《一》を書いてから次に《ノ》を書くとされています。図版は中国で出版されている『常用漢字的筆画筆順』（上海教育出版社、一九七九）という本に載せられている筆順ですが、そこでは「右」も「左」もご覧のような筆順が示されています。

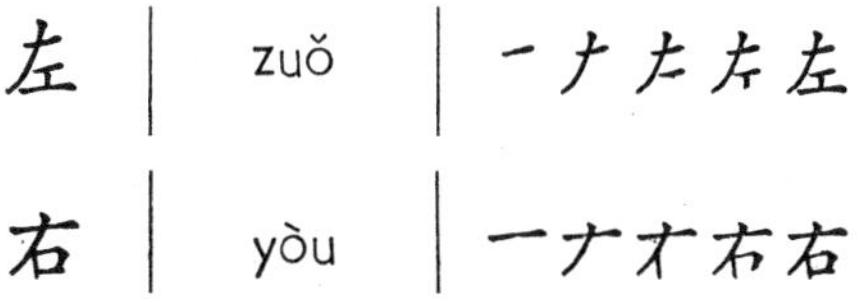

中国の「左」「右」の筆順（『常用漢字的筆画筆順』上海教育出版社）

筆順は道具によっても当然変わってきます。毛筆で紙に書く場合と、鉄のノミで岩石に文字を刻む場合では、同じ漢字を書くのでも同じ筆順であるほうが不思議です。長い時間にわたって書かれてきた漢字について詳しく見ていけば、このような例は他にもいろいろあります。少なくとも筆順は、テストで知識をためし、マルやバツの対象にされるようなものではないと私は考えます。

②それなら学校で教える筆順ってなに？

いまの学校などで教えられる筆順は、一九五八年（昭和三十三年）に刊行された『筆順指導の手びき』（以下『手びき』という）という本に示された書き方が基準になっています。五十年以上も前に出た本で、復刊もされていませんからいまでは入手できませんが、しかしこの本は漢字教育にきわめて大きな影響をあたえ、これまでの長い時間にわたって多くの辞書や便覧などに引用されるなど、筆順に関するほとんど唯一の規範とされてきました。ではそれはいったいどのようにして作られたものなのでしょうか。

話は終戦直後にさかのぼります。太平洋戦争が終結し、アメリカが日本を占領していた時代の一九四六年（昭和二十一年）に、「当用漢字表」が作られました。これは法律や公用文書などで使える漢字を制限するために決められたもので、そこには合計一八五〇種の漢字が収められていました。

一九四六年に公布された「当用漢字表」は、単に使える漢字の種類を示しただけの漢字一覧表にすぎず、そこでは「學」、「樂」、「國」などの旧字体が使われていました。当時の印刷物は戦前に使われていた活字をそのまま使うしか方法がなかったので、だから旧字体で印刷されたのですが、それが一九四九年（昭和二十四年）の「当用漢字字体表」によって、表に入っている漢字を印刷するときの規範的な形が示されました。この段階で一八五〇種類の漢字に含まれていた旧字体が新字体にあらためられたのですが、それらのなかには「恋（戀）」や「与（與）」、「旧（舊）」、「当（當）」、「寿（壽）」など、戦前に使われていた旧字体の形から大きく変わったものがたくさんあって、一般人のなかにはそれらの字形に慣れていない人も多く、世に出たばかりの新字体のいくつかについて、何通りかのことなった書き方で書かれることがありました。新字体といっても、もともと戦前にも「俗字」あるいは「略字」として使われることがあった字形なので、それまでまったく見たことがない形というわけではなかったのですが、しかしそれまで「ハレの文字」として堂々と書かれることが少なかったので、多くの人に共通する書き方が確立されていなかったものがあったわけです。

しかし当用漢字として規範的な地位をあたえられた漢字について、書き方に不統一な点があることはやはり問題で、特に教育現場が混乱しているという声があちらこちらから文部省に寄せられたので、それにこたえて作られたのが『手びき』でした。

この本では当時の義務教育で教えられていた八八一種類の漢字（一九四八年二月に定められた「当用漢字別表」に収められている漢字）のすべてについて、ただ一種類だけの筆順が示されています。このような名前の本が「文部省初等中等教育局初等教育課編」という名前で出版されました。

この本のはじめにある「本書のねらい」という部分には、

漢字の筆順の現状についてみると、書家の間に行われているものについても、通俗的に一般社会に行われているものについても、同一文字に2種あるいは3種の筆順が行われている。特に楷書体の筆順について問題が多い。

このような現状から見て、学校教育における漢字指導の能率を高め、児童生徒が混乱なく漢字を習得するのに便ならしめるために、教育漢字についての筆順を、できるだけ統一する目的を以《もっ》て本書を作成した。


と書かれています。「教育漢字についての筆順を、できるだけ統一する目的」の本が文部省の名前で刊行されたことから、多くの人はそれが文部省が公式に定めた、ひいては政府が公認した唯一の正しい筆順であると認識しました。そしてそこに示された筆順が、それ以後に刊行された多くの辞書や参考書などに「正しい筆順を示すもの」という位置づけで転載されました。これがいまでも筆順に関する唯一の「基準」となっています。

しかし同じ「本書のねらい」という部分には、続けて、

もちろん本書に示される筆順は、学習指導上に混乱を来たさないようにとの配慮から定められたものであって、そのことは、ここに取りあげなかった筆順についても、これを誤りとするものでもなく、また否定しようとするものでもない。

とも書かれています。すなわち『手びき』では学校で習うすべての漢字について筆順を示すけれども、しかしここに示されているのだけが唯一の正しいものではなく、それ以外の書き方で書いてもまちがいではない、とはっきり書かれているのです。

そのことはさらに、最後にある「本書使用上の留意点」というところにあげられている「本書の使用に当って留意してほしいいくつかの事項」の最初に、

1．本書に取りあげた筆順は、学習指導上の観点から、一つの文字については一つの形に統一されているが、このことは本書に掲げられた以外の筆順で、従来行われてきたものを誤りとするものではない。

と、別の場所でも明確に述べられています。

このように、この本が筆順に関する唯一の基準ではないと『手びき』はちゃんとことわっているのですが、しかしこの記述は実際にはほとんど無視され、『手びき』とちがう筆順はまちがいとされてきました。学校教育の現場では、この本のほかに筆順のよりどころとすべきものがなかった、というのがその理由です。

ところでこの本の出版事情について、かつて東京大学文学部で中国語音韻学を講じられ、

漢字の字源研究にも多くの書物を残された藤堂明保《とうどうあきやす》教授（一九一五—八五）が、次のような「裏話」を書いておられます。

　書き方の強制と並んで、教師と児童を悩ませているのが「筆順」の強制である。これは文部省に責任がある。昭和25年ごろ、文部省国語課の人が、さる書家に頼んで当用漢字を書いてもらい、当事者であったある役人が主となって「筆順の手引き」というものを出版した。わたくしの聞くところでは、これはもと国語課の役人の私的な出版物であったという。ところが世間では、これを文部省の出したものと思いこみ、後生大事にそのまねをした。そのときにサンプルを書いた書家が、もし戦中戦後と同じ流儀を伝えた人であったなら、問題は小さかったはずだが、たまたま行書の筆法を楷書に持ち込むくせのある人であったから、戦前戦中の教育を受けた親たちと、今日の子どもたちの間に、筆順のちがいが目立つようになった。

（藤堂明保『漢字の過去と未来』二〇〇ページ、岩波新書、一九八二）

藤堂氏が書いているのは「わたくしの聞くところでは」とある通り、伝聞に基づくことで、それが正しいかどうかは、氏が逝去されてずいぶんの時間がたったいまでは確認のしようもありません。しかし同じような指摘がほかにもあって、原田種成《はらだたねしげ》編『漢字小百科辞典』（三省堂、一九九〇）にも、「『手びき』の筆順は五人の書家で構成される委員会で決められ、その委員会には小中学校の先生や国語教育学者などは一人も参加していなかった」と書かれています（二五二ページ）。

藤堂・原田両先生はその時代の漢字漢文研究の権威と呼んでも過言ではない著名な学者でしたから、書かれていることにもきっと一定の論拠があるのでしょう。かりにそれが噂話《うわさばなし》であったとしても、それでも『手びき』に載せられている筆順が、主に書道の作品で漢字を書く立場から決められたものであるのは、衆目の一致するところです。

書道は漢字やかなを題材として文字の美しさを追求する芸術であり、中国や日本、あるいは韓国など東アジア地域で古くからさかんにおこなわれてきた、世界に誇りうるすばらしい文化です。しかし書道は高度な芸術であるがゆえに、そこで書かれる漢字には、さまざまな書体ごとに芸術的観点からの加工が施されていることがよくあります。また書道芸術に従事する人はすでにかなりの量の漢字をマスターしているのがふつうですから、その人たちが書く漢字と小学生たちが学ぶ漢字が、同じレベルのものであるとは考えられません。だから書家にとって常識的なことではあっても、それをそのまま子どもへの教育や一般人の言語文化に取りこんで規範とするわけにはいかないものも数多くあります。

上　shàng　丨 ⺊ 上

中国の「上」の筆順（『常用漢字的筆画筆順』上海教育出版社）

『説文解字』篆文の「上」（『大書源』二玄社）

たとえばあなたは「上」という漢字をどのように書きますか？　まさか一番下の横線から書く人はいないと思いますが、横線の上にある《ト》の部分はどちらから書きますか？　現実にはこの部分に二通りの書き方があって、短い横線から書くか、上下の縦線から書くかのどちらかです。これについて『手びき』は《丨》《‐》《一》、つまり縦・横・横という筆順を示しており、さきほどの書物を見れば、中国でも同じ教え方をしていることがわかります。しかしそれとはちがう、《‐》《丨》《一》、横・縦・横の順に書く人だって、日本人にも中国人にもかなりたくさんいます。むしろ横・縦・横と書くほうが筆の動きがなめらかで自然な感じがすると考える人も少なくないことでしょう。

《手びき》が《丨》《‐》《一》という筆順を採用したのは、おそらく篆書（秦の始皇帝の時代に作られた書体）や行書・草書などで書かれた「上」という漢字がそのように運筆しているからではないかと思います。しかしだからといって、もう一つの《‐》《丨》《一》という書き方で書いたらまちがいだといえる理由は実はどこにもありません。

「右」という漢字の筆順について、実際には二通りの書き方があったことをすでに述べましたが、この「右」と「左」について、『手びき』は「右」を《ノ》から、「左」を《一》から書くとしています。それはいま残っているたくさんの行書による「左」と「右」がそのように書かれているからなのですが、だからといって、形がこれほどよく似ているのに、二つの筆順がちがうことを子どもたちに理解させるのは大変です。もちろん「よくできる子ども」は、先生が教える通りの筆順を暗記するでしょうが、しかしそれは初等教育の段階では無駄な知識というべきです。

いまの日本では「左」と「右」を小学校一年生で学習しますが、低学年の児童に、伝統的な芸術世界でおこなわれてきた運筆を押しつけるのはかなり酷なことではないでしょうか。前にも書いたように、中国の学校教育ではどちらの漢字も《一》の部分から書くように教えています。そして日本でも、そのように書いてなんの問題もありません。要は、それぞれの人がもっとも書きやすいように書いたらいいだけのことだ、と私は考えます。

③「必」ってどう書くのが正しいのですか？

「右」と「左」のほかに、筆順について世間でよく話題になるのが「必」です。「必」は小学校四年生で学習する漢字で、いまの学校でははじめに真ん中の点を書き、次に《ノ》を書くと教えることが多いようですが、それも『手びき』にそう書かれているのをよりどころとしているからです。

たしかにそう書けば文字全体がひきしまって美しく見える感じがしますが、しかし二年生で「心」を学習した児童が四年生になって「必」に出あったとき、まず《心》を書いてから《ノ》を書こうとするのはきわめて自然な成り行きではないでしょうか。

こちらについても中国の学校ではまず《心》の構成部分を書いてから《ノ》を書くように教えていますし、さらに日本でもかつては、《心》を書いてから《ノ》を書くという書き方が一般的に通用していました。

もう故人になられましたが、私の恩師の一人で戦前の学校教育を受けたかたは、「『必』とはなにかをしっかりと決意して、《心》にたすき（《ノ》）をかけることだ、だから『必勝』とか『必殺』というのだ」と学校で教わった、との思い出を語られたことがありました。日本があちらこちらで戦争をしていた時代には社会に「必勝」という文字があふれていたようで、召集令状で徴兵された兵士は、「必勝」と書かれたタスキをかけて、万歳三唱の声に見送られて出征していきました。そんな時代でしたから、「必」とは「心にタスキをかけること」と教えられたのでしょうか、わが恩師と同じように、

中国の「必」の筆順（『常用漢字的筆画筆順』上海教育出版社）

この書き方で「必」を書く年配のかたは、いまもたくさんおられます。伝統的な漢字字典で使われる部首法では「必」を《心》部に収めていますが、それもおそらく《心》を書いてから《ノ》を書く、という筆順を意識してのことではないかと考えられます。

しかし一九五八年（昭和三十三年）に『手びき』が出てからは、この書き方がまちがいとされることが多くなりました。書道の作品ではほとんどの「必」が『手びき』式の筆順で書かれているように見えますから、かつての中国では、特に行書では真ん中の点から書きはじめるのが主流だったようです。

そしてそのこと以外に、まず点から書くことの「学問的」な理由として、「必」という漢字の成り立ちをあげる人もいます。

「必」は「柲」の原字（最初の形）であり、するどくとがった刃に両側から竹や木の板をあて、外からひもできつくしばって、下に長い柄をつけた、「柲《ひつ》」という名前の武器を表す漢字でした。それが「きっと・必ず」という意味に使われるようになったのは、武器の名前と

隋　智永
真草千字文

隋　智永
関中本千字文

唐　昭仁寺碑

唐　欧陽詢
九成宮醴泉銘

さまざまな「必」（『大書源』二玄社）

西周の金文の「必」（『大書源』二玄社）

「きっと」という意味のことばがたまたま同じ発音だったので当て字として使われた結果であり（このような使い方を「仮借《かしゃ》」といいます）、だから「必」はもともと《心》（こころ、精神に関する意味を表す要素）とはなんの関係もありません。

たしかに「必」の字源はその通りですが、しかしすべての漢字についてこのように字源に基づいて筆順を説明すれば、とても複雑で難しいことになってしまいます。そもそも小学生に対して、字源によって筆順を強制するのは無茶《むちゃ》というものです。

④筆順って結局いったいなに？

ここまでなんども触れてきた『筆順指導の手びき』では、筆順について「文字の形を実際に紙の上に書き現わそうとするとき、一連の順序で点画が次第に現わされて一文字を形成していく順序である」と定義しています。「順序」ということばが同じ文章に重複して使われているのであまり上手な文章とはいえませんが、それはさておき、「点画」とは漢字を構成する点や線などのことですから、筆順を簡単にいえば、漢字を書くときの線や点の順番といえるでしょう。

世界の文字のなかには、ひらがなの「く」や「し」、「へ」、カタカナの「ノ」や「レ」、ローマ字なら「C」、「L」、「W」のように、一画の、つまり一筆書きで書けるものがありますが、漢字では「一」と「乙」くらいしかありません（古代の字典には「丨」とか「亅」、「乚」のように部首として使われるものも載っていますが、それらが単独で文字として使われることはありません）。漢字にかぎらず、どのような文字であっても、ほとんどの文字は二画以上の構成をもっており、理論的には、n画の文字はn！（nの階乗）通りの書き方が可能です。たとえば「三」という漢字は三画ですから、どの線から書きはじめるかによって、合計3！＝6通りの書き方が考えられます。しかしそれはあくまでも計算上の話であって、実際に「三」を一番下の横線から書きはじめる人はおそらくいないでしょう。

文字ではほとんどの人が同じように書くという順番がたしかにあって、カタカナの「イ」は《ノ》を書いてから《一》を書きますし、ローマ字の「A」は《Λ》を書いてから中の横線を引きます。しかしこれが「コ」や「ト」、あるいは「K」や「P」になると、広い世間のこと、縦線の部分をいちばん最後に書く人だって、もしかしたらおられるかもしれません。「正しい筆順を決める」ということは、要するに決められた書き方以外のものをすべてまちがいとして排斥するということです。「三」について、さきに例としたような書き方を実際にする人はめったにいないでしょう。しかし私はある会議の席で、たくさんの著書や論文を

出しておられ、さる分野では名前をよく知られている若手の研究者がホワイトボードに「中」という漢字を書いたときに、《|》の部分を下から上に書いたのを見てびっくりしたことがありました。それでもホワイトボードには結果的には「中」という字が正しく表示されましたし、書いている現場を見ていない人がボード上に記された「中」を見ても、おそらくなんの問題も感じられなかったにちがいありません（まぁ、ちょっと下手な字だなと思うことくらいはあるでしょうが）。

文字を書くという行為は、多くの人が社会的な約束事と考えている習慣に基づいておこなわれるものであり、そこには「絶対にこうでなければならない」という決まりは存在しません。それは単に、圧倒的多数の人がそうしているというだけの話で、マジョリティの動向に合致しないからという理由で頭から否定されるべきものではないと私は思います。

個人的な日記などはいざ知らず、文字は他者に対する発信という機能をもちますから、相手が読みやすいように書くという配慮が必要であることはいうまでもありません。つまり芸術的に美しい文字であるよりも、ほかの人に読みやすい文字であることがより重要なのです。その点をつきつめていけば、多くの人が書きやすく読みやすい文字の書き方が、一般的な習慣という形で自然発生的に生まれてきます。

学校で教える筆順について、かつて文部省で初等中等教育局視学官という任にあり、書写教育の権威として多くの著述を残された久米公《くめいさお》氏が編集された『学習指導要領準拠　漢字指導の手引き』（第七版、教育出版、二〇一一年十二月）という本には、次のように述べられています。

文字の構成単位は点画である。その点画によって文字として紙上に書き上げるのに、①最も書きやすく、②速くむだなく、③形を整えやすく、④速く書いても読み誤られることがなく、⑤しかもその字を覚えやすいという筆運びの順序であり、⑥先人の知恵と経験の結晶として、生まれてきたものである。したがって、その筆順によって書くのが最も能率的である。

まことに妥当なまとめ方であり、なにより重要なことに、ただ一通りの筆順しか存在しないというふうに考えていないところがすばらしいと思います。

⑤左利きの人も学校で教わる筆順の通りに書かないといけないのですか？

左利きの人の文字書写については、ここまでわざと触れてきませんでした。世の中には左利きよりも右利きの人のほうが圧倒的に多くいます。野球とかバレーボール、テニス、卓球などのスポーツでは左利きが有利なこともあって、左手も右手と同じくらい自由に使えるように訓練する人も最近では多いようですが、英語の「right」が「右」と「正しい」という意味をもっているように、かつては世界中どこでも左利きが忌み嫌われ、強制的に右手を利き腕にするように練習させられたものでした。

個人的な話で恐縮ですが、私の兄は小さいころ左利きでした。子どものころ兄とキャッチボールをしたら、意外な方向からボールが飛んでくるので私はよく受けそこなったものでしたが、明治生まれの祖母から厳しくしつけられて、兄は小学校に入る前あたりから強制的に右利きにさせられました。矯正された結果、それからは鉛筆も箸《はし》も右手でもつようになりましたが、それ以後も部分的に左利きの要素が残っていて、自転車を右側から降りるので、左側にあるスタンドを蹴《け》り下ろすためにわざわざ自転車の後ろを左側に回ります。手巻き式の時計がなくなったいまはほとんど見かけなくなりましたが、昔の腕時計には時計のゼンマイを巻くための「竜頭《りゅうず》」という小さなつまみがついていました。右利きの人は左手に時計をはめたまま右手で竜頭を巻いたものですが、兄は時計をいったん外し、右手で時計を逆にもち、左手で竜頭を巻いていました。はさみやペンチ、それにドライバー（ねじ回し）も右利き用に作られているものがほとんどなので（左利き用に作られたものも販売されていますが、店に常備されていませんし、高価です）、兄は使いにくいといまもいいます。私の兄と同じような経験をしている人は、世間には決して少なくないはずです。

左利きが忌み嫌われた時代では、お箸は絶対に右手でもつよう命令されましたし、文字を書くときにも、毛筆や鉛筆を右手でもつようにしつけられたものです。このように右利きしか認められない社会的な状況のなかで、漢字を構成している線の書き方もおのずから決まっていきました。「一」や「王」にある横線は、左利きの人でも右手で筆をもって、左から右に線を引かされますし、「口」や「力」の右上にある「かぎ」の部分も、左から右に書いてそのまま上から下に下ろすようにとしつけられたものです。

もちろん右利きの人間ならその書き方しか考えられませんが、しかし左利きの人で左手で筆記用具をもつことが許されたら、右から左へ線を引くほうが絶対楽なはずです。それでもかつての文字文化のなかでは、それは認められない、あるいは許されない書き方とされていました。

筆順は右利きの人間による文字の書き方を基準として考えられたものであることは、あらためていうまでもありません。しかし最近では左利きの人からの強い要望や抗議もあって、かつてほどに右利きに矯正することが当たり前ではなくなってきたような観もあります。実際に学生食堂などで見ていると、左手で箸やスプーンをもって食事をしている学生さんが結構たくさんいます。私が子どもだったころはほとんど見かけない光景でした。

もうずいぶん前に卒業しましたが、右利きへの矯正は左利きの者にとって大いなる人権問題であると憤慨していた女子学生がいました。中国語の講義のとき、練習問題の解答を彼女が黒板に板書したことがありましたが、そのとき彼女は左手でチョークをもち、「热」(「熱」の中国語での簡体字)の下にある四点のレンガ(連火)の部分を右から左へと書いていきました。

はじめてそのような書き方を見たので、ちょっと驚いた私は、講義のあとに彼女に「いつもあのような書き方をするのか?」と聞いてみました。それに対する彼女の返答がなかなかふるっていました。曰《いわ》く、小中学校のときは先生から注意されたり、減点されたりするので、しかたなく右利き用の筆順を覚え、しぶしぶ右手で鉛筆をもって書いていましたが、いまは自分一人、あるいは家族や友人たちのあいだでは、左手で思う存分好きな書き方をしています。

結論としていえるのは、筆順とはその漢字を書くときにもっとも書きやすく、また見栄えよく書けるようにおのずから決まる順序にすぎないということです。大多数の人は右利きだから、世間で認定される筆順は右利きの者に書きやすいようになっていますが、左利きの人には当然それとことなった筆順があってしかるべきでしょう。

学校においても、わが教え子のような左利きの学生が引け目を感じることがない漢字指導がおこなわれるべきだと私は思います。

（補足　台湾故宮博物院に所蔵される有名な青銅器「散氏盤《さんしばん》」の銘文では、横画が右下がり〔左上がり〕に書かれています。もとになった文字は左利きの人が書いたものと考えられます。さがせば他にも同じようなものがきっとあるでしょう。）

5時間目
部首の不思議

①漢和辞典って、どうしてあんなに使いにくいのですか？

モノを分類するには

たしかに国語辞典や英和辞典などにくらべると、漢和辞典は格段に引きにくいと思います。それは漢和辞典に収録されているたくさんの漢字が発音順に並んでいないことに主な原因があります。高校に進学したときなどに買う（買わされる？）学習用の漢和辞典には、だいたい一万字くらいの漢字が見出し字とされていますが、一万もあるたくさんの漢字を一冊の本のなかに並べるのはそう簡単なことではありません。そしてそこでは発音順という方式が使えないのです。

なにかをコレクションしている人ならきっと感じていることですが、たくさんのものをケースや棚に整理して収める場合には、なんらかの工夫が必ず必要になります。たとえばたくさんの書物を本箱に並べるときのことを考えてみましょう。

二―三台の本箱に収まるくらいの量なら、文庫本や新書、単行本というサイズによって並べても、小説やマンガというジャンルごとに並べても、あるいは著者名の五十音順によって並べても、本棚を端から見ていくだけでさがしている本がすぐに出てきます。でも本の量が増えてくると、整理がだんだんやっかいになってきます。自分が読んだ本がどんどん増えていくのは、それだけ賢くなったような気がして、まことにうれしいものですが、しかし本箱が五台くらい必要な量になってくると、一定の原則にしたがって並べていないと、いざというときに必要な本がなかなか出てこないという事態が起こります。

個人の蔵書ならまだしも、それが学校や街の公共図書館になると、書物の量が格段にちがうので、きちんとした原則にしたがって分類されていないと大変なことになってしまいます。だからどこの図書館にも司書という職業の人がいて、きちんと整理をしています。ちなみにほとんどの図書館では数字やローマ字で表された整理番号を記したラベルを本の背中に貼っていますが、あれは「日本十進分類法（NDC：Nippon Decimal Classification）」という、0から9までの数字を何桁《なんけた》か組みあわせた分類方法で蔵書を管理しているのです。

本だけではなく、それがCDやゲームソフトであっても、たくさんのものを一定の「入れ物」に並べるにはなんらかの原則が必要であるのは同じことです。図書館の書物分類法はそのもっともわかりやすいケースであり、辞書に単語や文字を並べるためにも、なにかの原則が必要であることはいうまでもありません。

音訓索引

一般的な漢和辞典にはふつう、音訓索引・総画索引・部首索引という三種類の索引がついています。これにはもちろん使いわけがあって、調べたい漢字の読み方が、音読みでも訓読みでもなにかひとつわかっていれば、まよわず音訓索引を使うべきです。誰にとってもこの索引がいちばん使いやすいし、そもそも国語辞典や英和辞典・仏和辞典など漢和辞典以外の辞書はすべて発音によって引くように作られています。おそらく世間にはあまり知られていないことでしょうが、現代中国語を調べるための辞書でも、中国語の発音を示すためのローマ字方式（ピンインという）で単語を表記し、それをアルファベット順に並べたものもあって、これなら英和辞典と同じように使えます（ただし漢字の中国語での発音がわかっていないと使えないので、初心者にはちょっと使いづらいところがあります）。

しかし日本で作られる漢字の辞典では、この発音順という方法が使えません。漢字には音読みと訓読みがあって、さらに音読みには漢音と呉音および唐音がありますから、同じ漢字でも誰もが同じように読むとはかぎりません。たとえば「生」という字を「セイ」と読むか「ショウ」と読むか、あるいは「いきる」と読むか「なま」と読むかは、人によってまちまちです。さらに「生一本」では「生」を「き」と読んでいます。現実には「生」という漢字を見て真っ先に「き」という読み方を思い浮かべる人はめったにいないでしょうが、「き」

が「生」の読みのひとつであることはまちがいありませんから、音訓索引の「き」のところを見れば「生」が見つかるはずです。

それならすべて音読みを使えばいいだろうと思われるかもしれませんが、音読みでも「セイ」は漢音、「ショウ」は呉音であって、どちらを基準にするかは簡単には決められません。それにそもそも漢和辞典を引くのは「この字はどう読むのかな？」と、漢字の読み方を調べるためのことも多く、もし発音によって漢字が並んでいたら、そのときはまったくお手あげです。たとえば中国の北宋時代には「汴京」という街が首都とされましたが、かなり漢字に詳しい人でなければ「汴」を音訓索引では引けません（ちなみに「汴京」は「ベンケイ」と読み、現在の河南《かなん》省開封《かいほう》市です）。

総画索引

次に総画索引ですが、漢字の画数も実は非常にやっかいで、そうわかりやすいものではありません。ここでは細かい例をあげませんが、「母」や「処」が五画であることはまだわかりやすいものの、「凸レンズ」や「凹レンズ」ということばに使われる「凸」と「凹」（どちらもれっきとした漢字です）も五画であることは、ちょっとわかりにくいと思います。

ちなみにこの二つの漢字の書き方について、私は以前にあるラジオ番組で説明したことがありました。ラジオなので画像が使えず、そのときはオリンピックの表彰台をたとえとしました。

まず「凸」は、はじめに銀メダルをとった人が表彰台で立つ台にある横線を書きます。これが一画目で、次に金メダルの人の台の左側にある部分の縦を書いて二画目。それから金メダル受賞者の足下にある横線を引いてから縦に下ろし、さらに銅メダル受賞者の台にある横線まで階段を降りるように一気に書いて、これが三画目。そして銀メダル受賞者の台の左側を縦に下ろし、そのままL字型に右に曲げて四画。最後に銅メダルの台の右にある縦線を書いて五画、となります（一画目と二画目の順序がことなる書き方もありますが、どちらにしても五画です）。

真ん中にくぼみがある「凹」も同じように、まず左上から横・縦・横と階段を降りるように一気に書いて一画。くぼみの右側の縦を書いて二画。右上の横棒を書いて三画。そして四画目、五画目は凸と同じです。

「凸」と「凹」が五画の漢字であることはなかなかの難問です。ほかにも「育」や「函」など学校の教科書にもよく出てくる漢字の画数を、小中学生がまちがわずに一発で計算できたら、なかなか立派なものです。中国から出ている小学生向けの漢字字典のなかには、「総画索引を調べてもさがしている漢字が見つからなければ、プラス1かマイナス1の画数で引き直してみなさい」と書かれているものまであるくらいです。

ある程度の量の漢字を使いこなしている大人だって、「亜」の旧字体である「亞」が八画であり、手書きでは書けない難しい漢字の代表である「鬱」が二九画であることがすぐにわかる人は、そんなにたくさんいないでしょう。さらに「卍」（地図では寺院を表す記号として使われますが、もともとは「マン」という音読みをもつ、れっきとした漢字です）は、通常の書き方で書けば五画になるはずですが、漢字字典では《十》部に収められ、「卍」から《十》を除くと残りが四画になるから、全体を六画と考えるというのは、まるでクイズのような話です。だから漢字の総画数によって引く総画索引も、それほど使いやすいものではありません。

部首索引

そこで残るのが部首索引です。これは主な構成要素によって漢字を並べる方法で、漢字配列の合理的な方法は実はこれしかないといっても過言ではありません。それでいまの日本で刊行されているほとんどの漢和辞典では、漢字が「部首」によって分類され、同じ部首のなかでは画数順に並べるという方法が採られています。

部首とは、漢字を整理するために設定された代表的な構成要素をいい、簡単にいえば「サンズイヘン」や「コザトヘン」、「クサカンムリ」などをひっくるめた名称です。漢字を部首ごとに分類して配列する方式は中国で後漢《ごかん》の時代にはじまり、二千年近くにわたって使われてきた方式です。最初は五四〇種類もあったのが、いろいろ改良をくりかえしながら整理され、明の万暦《ばんれき》四十三年（一六一五）に作られた『字彙《じい》』という字書が採用した二一四部が、それ以後の標準的な方式とされました。それからあと一九四五年の第二次世界大戦が終結するまでは基本的にその方式でしたが、戦後は中国でも日本でも漢字が簡略化されたので、それに応じてより簡単に漢字を検索できるようにと改良がくりかえされています。

ひとすじなわではいかない部首法

部首法はこれまでずいぶん改良されてきましたが、それでも決して完璧な方法ではなく、いくつかやっかいな点があります。まず調べたい漢字がどの「部」に属するかわからないとまったく使えません。もちろん部首が簡単にわかる漢字もたくさんあります。誰だって部首索引の使い方を小学校の国語の授業でも一通り習っており、「松」とか「組」という漢字を部首索引で引きなさいというような、非常に簡単な練習をしているはずです。それが「河」や「花」であっても、伝統的な漢字辞書ではサンズイヘンは四画の《水》部、クサカンムリは六画の《艸》部を見るということさえ知っていれば、さがす文字が簡単に見つかります。

最近の学習用辞書では《水》や《艸》でなく、書かれる通りに、三画に《氵》や《艹》という部を設けているものもあるので、そんな辞書ならもっと簡単に調べたい漢字をさがせます。

しかしすべての漢字の部首がそんなに簡単にわかるとはかぎりません。伝統的な方式では「舒」が《舌》部にあったり、「死」が《歹》部に属しているというのは、部首配列方式にかなり慣れていないとなかなかわかりません。あるいは戦前まで使われていた旧字体と、戦後の「当用漢字表」や「常用漢字表」に示されているいまの字体とで所属する部首がことなることもあります。すべての辞書についていえることではありませんが、たとえば「舊」はもともと《隹》部にある漢字でしたが（クサカンムリではありません）、戦後は「旧」と簡単な形で書かれることになりました。いまでは「旧」の字形しか知らない人のほうが圧倒的に多くなっているので、「旧」を《隹》では引けません。それでいまではほとんどの辞書が「旧」を《丨》部か《日》部に入れています。同じように《臼》部に入っていた「與」が「与」に変わったので、「与」を《一》部に入れるものもあります。このように戦前と戦後では辞書によって所属部首が変わっていることがしばしばあります。しかしそんな漢字はだいたい常用漢字に入っているので読み方もよく知られていますから、音訓索引を使えば簡単にその漢字を見つけることができます。

②部首ってどうして決められているの？

『説文解字』

漢字を部首によって並べる方法をはじめて使ったのは、後漢の許慎《きょしん》が著した『説文解字《せつもんかいじ》』でした。『説文解字』は中国でもっとも古い漢字研究書で、全部で九千字あまりの漢字を五四〇種類の「部」に分類して配列しています。

これが部首によって漢字を分類したはじまりです。ただし『説文解字』の部首法は非常に難解かつ特殊なもので、現在の漢和辞典で使われている方法とはかなりちがっています。

『説文解字』では原則的に、他の文字に対して「意符《いふ》」（ヘンやカンムリのように、漢字の構成のうち大まかな意味を示す部分）として機能するものをすべて「部」としています。

たとえばいまの漢和辞典では「思」という漢字を《心》部に入れています。そんなことは常識で、「思」を部首索引で引けといわれたら、ほとんどの人は《心》部をあけることでしょう。「思」は《心》と《田》の組みあわせですが、「おもう」という意味は「心」に関係しているから、それで《田》部ではなくて《心》部をさがすというわけです。

実際に「思」は《心》と、《囟》（ひよめき。乳児の頭頂部で脈をうつたびに動く部分）とから成る会意文字です。いまは《田》という形になっている上半分は、もともと《囟》と書かれていました。だから《田》と《心》という要素をいくらひねくり回しても「おもう」という意味は出てこないのですが、それはさておき、「思」は《心》によって大まかな意味を規定されているので、当然《心》部に収められるべき漢字です。ところが別に「慮」という漢字があって、『説文解字』では「慮」を《思》を意符とし、《虍》（コ）を音符《おんぷ》とする形声文字と解釈しています。いまの漢和辞典は「思」も「慮」も《心》部に入れていますが、「思」がこのように「慮」の意符となっていると考えたことから、『説文解字』は「思」という部を立てました。こうしないと「慮」を収める部がないからです。

非常にわかりにくくて難しい方法ですが、わかりやすさを度外視すれば、漢字研究ではこれがもっとも正しい方法です。またこのような考え方が、ある程度はいまの漢和辞典にも使われています。

ときどきたずねられることですが、多くの漢和辞典では「間」や「開」、「関」などは《門》部（モンガマエ）に入っているのに、「聞」は《門》でなく《耳》部に、「問」は《門》でなく《口》部に入っています。モンガマエの漢字について、見かけは同じ形なのに部がちがうというのは不合理で、非常にわかりにくいという意見があります。

その指摘はまことにもっともなのですが、伝統的な漢字研究の認識では、「聞」では《耳》

が、「問」では《口》が、《門》よりも強く意符として働いていると考えるので、そのようになっているのです。

しかしすべての漢字について、『説文解字』のような方式で部を立てると、部の数がやたらと増えて、複雑かつ難解になるばかりです。それで後の時代に作られた字典では、より簡単にそしてスピーディーに必要な漢字を見つけることができるように、部を整理して数を減らすなどの工夫をこらしてきました。こうして『説文解字』の部がどんどんと整理統合され、部首の数が時代とともに減少してきました。

『康熙字典』

いま私たちが使っている漢和辞典の標準である二一四部からなる構成は、前にも書いたように明代の『字彙』という字典がはじめたもので、それが清代の康熙《こうき》帝《てい》という皇帝の命令で一七一六年に完成した『康熙字典』にも引き継がれました。『康熙字典』は皇帝の命令で作られた字典なので、内容よりも作られたいきさつによってそれからあとの中国での基準となり、それが日本にもそのまま伝わってきました。戦前の日本で作られた漢字辞典でも、ほとんどこの方法によって漢字が配列されていました。

しかし第二次世界大戦が終わると、中国でも日本でも漢字の改革がおこなわれ、字形が大幅に簡略化され、字形が大きく変わりました。その結果、『康熙字典』式の部首は引きにくい、あるいは不合理な点があると考えられ、特に小中学生などを読者とする辞書を中心に、独自の工夫をこらした部首を立てた漢和辞典がたくさん出版されています。同じように中国でも、やはり最近は独自の部首法を設ける辞書が多くなっています。

このような新しいタイプの部首法を使った辞書は、現代人に引きやすく工夫されている面があるのですが、しかし原則的にはその出版社の刊行物だけにしか適用されない部首法です。すなわちその原則には互換性がないため、他社の辞書を使おうとすると困難に直面することがときどきあります。

『康熙字典』式の部首法が非のうちどころのないものであるとは私も考えませんが、しかしそれは良くも悪くもひとつの標準でした。それが通用していた時代は、ほとんどすべての辞書がその配列で引けました。だからこのような規格を改変することが、「改善」ではなくて「改悪」になってしまう場合もあるということに、日本や中国の辞書の編者はもっと注意をはらうべきでしょう。伝統的な部首法が果たしてきた規範性も、もっと大きく評価する必要があると私は考えます。

③漢字にはどうしてヘンやカンムリがあるの？

最初にできた漢字、後からできた漢字

誰かから「お名前は？」と聞かれたとき、たとえば「『かわいみちこ』といいます。サンボンガワの川と井戸の井、名前は美しいと知識の知と子どもの子です」というように、自分の名前に使われている漢字を相手にわかるように説明することがあります。この説明によって聞き手には、その人が漢字で書けば「川井美知子さん」であって、「川合」さんや「河井さん」でなく、また「美智子さん」でも「道子さん」でもないことがわかります。

このときさらに「シマダのシマは《山》ヘンの『嶋』です」とか、「キクチのチは《土》ヘンの『地』です」というように、漢字の部首を使って説明することも珍しくありません。漢字には同じ読み方でちがう意味を表す「同音異義」という現象がありますが、このようになんとかヘンとかなんとかカンムリと聞くと、それだけで漢字をかなり特定することができます。

それではこのヘンとかカンムリというのは、いったいどのようにしてできたのでしょうか？

漢字やひらがな・カタカナ、それにローマ字やアラビア文字など言語を書き表すために使う符号をひっくるめて私たちは「文字」と呼んでいますが、古代中国でおこなわれた漢字に関する詳しい研究の場では、この「文字」ということばを二つにわけ、それぞれことなった概念として使いわけていました。ちょっとややこしい話ですが、昔の中国での漢字研究の世界では、「文」と「字」がちがう内容を指すものとして使われたというわけで、この区別は漢字が作られてきた筋道を分析した結果として考えだされたものです。

昔からいままで、中国では驚くほどたくさんの漢字が作られてきましたが、しかしその過程をざっとシンプルに考えてみると、二つの段階にわけることができます。

たとえば「編」と「集」という漢字を考えてみましょう。この二字は非常に古くから使われている漢字ですが、しかしその字が作られる前に、《糸》と《扁》、あるいは《隹》と《木》という漢字が絶対にあったはずです。同じように「詩」や「詞」という漢字ができる前には、必ず《言》と《司》、あるいは《寺》という漢字が存在していたはずです。

「単体」と「複体」

こう考えれば、私たちが使っている漢字のすべてが一度にできたわけではないということがわかるでしょう。いま使われている漢字の辞典には、簡単なもので約一万、大きなものでは五万もの漢字が収められていますが、長い時間をかけてその大量の漢字が蓄積されてくる過程では、はじめに基本的な単位として使われる一群の文字が作られ、次にそれらを組みあわせた第二段階の文字が作られた、という順序があったはずです。

中国の伝統的な文字研究では、漢字の成立をこのように二段階にわけて考え、最初にできた「単体」（それ以上分割できないもの）の漢字を「文」と呼び、あとで作られた「複体」（単体の文字をいくつか組みあわせたもの）の漢字を「字」という名称で呼んで区別しています。「文」はそれだけで特定の意味を表すことができる漢字であり、そして他の文字を作るときの構成要素として使われることもあります。逆に「字」であるからには、その漢字は必ずいくつかの「文」に分解できる、ということになります。右にあげた例で説明すれば、第一段階で作られた《糸》や《扁》、《木》、《隹》あるいは《言》と《寺》などが「文」で、それらを組みあわせた《編》や《詩》が「字」になるわけです。

さらに思いつくままに例をあげれば、

山・水・馬・鳥・牛・犬・龍・門

などが「文」で、それらを構成要素として使っている、

崎・港・驅・鶴・物・狗・襲・間

などが「字」である、ということになります。

④それなら「単体」の「文」はどのように作られたのですか？

象形という方法

漢字にかぎらず、世界の文字は絵画からはじまったといわれています。ヤマがあれば、それを表す文字として古代の人々はヤマの絵を描き、サカナの姿を描いた形でサカナという生き物を表す文字としました。富士山と槍ヶ岳《やりがたけ》と阿蘇山《あそさん》では見かけの形がことなっているように、実際のヤマはさまざまな形をしていますが、しかし峰が三つある「」という形を見れば、人々にはそれがヤマを意味するマークであることがわかりました。サカナの絵を描くときには誰だってアジやイワシのような流線型の形を描くにちがいなく、そのときにチョウチンアンコウやヒラメのような特殊な形をしたサカナをモデルにすることはまずありません。だからヤマやサカナなどありふれた事物は、どこの誰が描いてもだいたい同じような形になったはずです。こうしてそれらのマークがヤマやサカナを意味する文字となったとき、それをどう読むかは使われている言語ごとにまちまちでしたが、しかし描かれた形はどこのものでも同じ意味を表し、そして形もよく似ていました。

ヤマやサカナのように目に見える姿が存在するものの形を、具体的に、あたかも絵画のよ

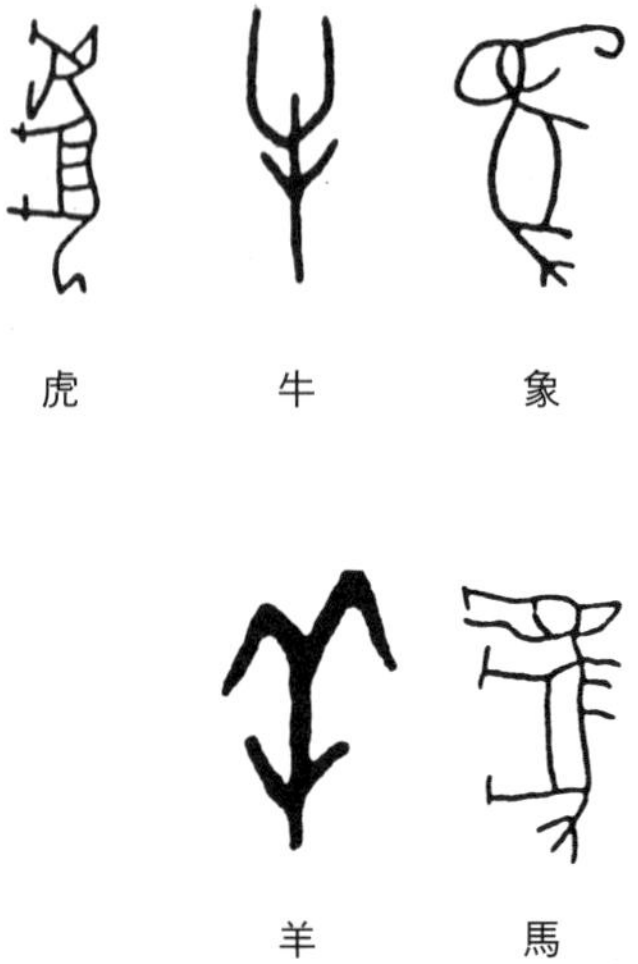

「象」「馬」「牛」「羊」「虎」の象形文字（阿辻哲次『漢字のベクトル』ちくまライブラリー）

うに描きとって、それでその物を意味する文字とする方法を、中国の文字研究では「象形《しょうけい》」といいます。このことばはいまでは「古代エジプトの象形文字」というように世界中の文字について使われますが、本来は漢字の作り方の一種を指すことばでした。そして漢字には象形文字として作られたことをはっきりと示すものがたくさんあって、最古の漢字である「甲骨文字」を見ると、そのありさまがよくわかります。

象形という方法がとりわけうまく効果を発揮しているのは、動物を表す漢字です。そこではそれぞれの動物の特徴がうまく表現されていて、たとえば「象」や「馬」は長い鼻やたてがみを描き、「牛」や「羊」ではツノの形状のちがいを利用し、「虎《とら》」や「豹《ひょう》」では体の表面にある模様の特徴がたくみに描きだされています。

象形の方法で作られた漢字は、動物を表すもののほかにもたくさんあります。「（日）」

は太陽を、「（月）」は空に浮かぶ半月をかたどったものですし、「（木）」は地面から生えている木が枝を張りだしているさまを、「（雨）」は空から雨つぶが落ちてくるさまを、「（車）」はウマに引かせた戦車の形を、「（女）」は手を前に組みあわせて膝《ひざ》をまげた人間の姿を、それぞれかたどって作られた漢字です。

概念を形にする

具体的に目に見える実体があるものならば、このように象形という方法で簡単に文字にすることができます。しかし目に見えない抽象的な概念では、そうはいきません。そのような場合に漢字は「指事《しじ》」という方法を使って解決しました。

指事とは抽象的な概念を、暗示的かつ記号的に示す方法で、たとえば「一」、「二」、「三」や「上」や「下」などがそれにあたります。一・二・三という形が表している意味は、あらためて説明するまでもないでしょう。

甲骨文字では「四」という数も横線を四本並べた「」という形で表しています。ちなみに「四」は「呼吸すること」を意味する「呬」という漢字の省略形ですが、「呼吸すること」と数字の四とは、意味の面ではまったく関係がありません。しかし数字の四を意味することばと、「呼吸する」という意味のことばがたまたま同じ発音だったので、「呼吸する」意味の「呬」を発音だけ借りて、当て字として使ったものです。また「五」から上の数字もすべて、その数を意味することばと同じ発音のほかの文字を当て字として使ったものです。「うえ」とか「した」というのも、具体的な形を絵に描きにくい抽象的な概念です。机の上とか、屋根の下という場所なら目で見ることもできますが、単に「うえ」とか「した」というだけの意味を示すには象形文字が作れません。そこで漢字は、なにかの線の上、または下にものが存在する形を示すことで、その抽象的な概念を表現しました。「上」や「下」は古くは「𠄟」・「𠄠」のように書かれています。二本ある線のうちの長いほうはおそらく手のひらを横から見た形を表していて、「手のひらの上」か「手のひらの下」に小さな点で示されるものがあることから、一般的な「うえ」とか「した」という概念を示しているわけです。

さらにまた、抽象的な概念を表すときに、すでに象形の方法で作られている既製の文字を利用して、それになにかのマークをつけ加えるという方法が使われることもありました。「木」はすでに述べたように象形の方法で作られた漢字ですが、しかし木の根もとの部分、あるいは梢（こずえ）の部分だけを取り出して絵画的に描くことは不可能です。そこですでに存在していた象形文字の「木」を利用し、その下や上の部分に、あたかも「ここですよ」と語りかけるように、マークをつけた文字が作られました。それが「本」（木の根もと）と「末」（木のこずえ）という漢字であり、さらにそこから意味が広がって、樹木の根もとだけでなく一般的な根源、あるいは先端を意味する文字として使われるようにもなりました。

同じようなケースが「刃」という漢字にも見られます。ナイフは象形の方法でたやすく描けますが、しかしナイフにつけられている「刃」は、要するに金属を鋭く研ぎだした部分ですから、それだけを取り出して目で見ることができません。そこでそれを表す文字として、象形文字である「刀」の上に表現したい部分をマークした「刃」という漢字が作られた、というわけです。

⑤複体の「字」ってどうやって作るの？

漢字を組みあわせる

文字を作ることを中国では「造字《ぞうじ》」といいますが、造字のいちばんはじめの段階では、象形と指事という二方法によって、まず基本的な漢字が一通り作られました。これが「文」で、その「文」を二つまたはそれ以上組みあわせて、より複雑な概念を表す「字」が作られていったのですが、そのときに使われたのが「会意《かいい》」と「形声《けいせい》」という方法です。

会意とはいくつかの「文」を組みあわせ、それぞれの「文」がもっている意味を総合的に考えあわせて、新しく作られる「字」の意味を導きだす方法です。それに対して形声とは、

「文」をいくつか組みあわせることまでは会意と同じですが、そのうちひとつの「文」がもっている発音だけを利用して、あらたに作る「字」の意味を表す方法です。

ちょっとわかりにくいでしょうから、そのちがいについて、会意で作られた「鳴」と形声で作られた「鳩」を例として説明しましょう。

「鳴」と「鳩」という漢字ではどちらにも《鳥》という「文」が右側にあって、これによって新しく作られる「字」がトリに関する意味であることを表しています。このように、ある「字」のなかで全体の意味の大まかな方向を示す「文」を、意味を表す符号ということから「意符」といい、漢字の左側に置かれるものをヘン、右側に置かれるものをツクリ、上に置かれるものをカンムリ、下に配置されるものをアシとかニョウと呼びわけていますが（それを総称して「偏旁冠脚《へんぼうかんきゃく》」といいます）、意符としての働きはどこに置かれても同じであって、ここでの《鳥》は右側に置かれていますが、やはり意符として機能しています。

さて《鳥》以外の部分を見ると、まず「鳴」では《口》という「文」が左側にあります。これもクチという意味を表す意符として使われていて、《鳥》と《口》という組みあわせから、「鳴」は全体として「鳥が口から鳴き声を出すこと」、つまり「なく」という意味を表すしくみになっています。

ところがもう一方の「鳩」では、《九》という「文」が左側にありますが、それは数字の九という意味を表しているわけではありません。ハトはいつも九羽でかたまっているわけではありませんし、寿命が九年というわけでもありません。ハトという鳥は数字の九と意味的になんの関係もありません。つまり《九》は「鳩」という「字」に対して、意味の面ではなんの作用もしておらず、単に「キュウ」という発音を示すだけの要素として使われているだけです。

ここであらかじめ認識しておいていただきたいことがあります。それは、前にも書いたことですが、文字ができるはるか前から、音声によることばがあったという事実です。文字は文明発祥の重要なシンボルといわれますが、それでもたかだか数千年前にできたもので、人類の歴史から見ればつい最近のものだといっても過言ではありません。現在知られている世界最古の文字は、メソポタミア文明でシュメール人が築いた都市国家ウルクの遺跡から発見された「ウルク古拙《こせつ》文字」と考えられていますが、だいたい紀元前三二〇〇年くらいのものなので、いまから五千数百年前のものです。

それに対して、口から発せられる音声による言語は、何十万年も前から存在したにちがいありません。人類の言語の起源については謎《なぞ》としかいいようがなく、荒唐無稽《こうとうむけい》な説までが次々と提出されることから、言語の起源に関する研究発表を受けつけないとしている国際学会もあるほどなのですが、ヒトがどのようにして言語を獲得したかはさておき、気が遠くなるほど古い時代から、ヒトは音声言語によってコミュニケーションを確立していたことはまちがいありません。

北京の北郊外にある周口店《しゅうこうてん》は北京原人が発見されたことで有名な遺跡ですが、そこに暮らした北京原人は、だいたいいまから四六万年から二三万年くらい前の人類と推定されています。北京原人にだって、きっとことばがありました。だからこそ彼らは集団による生活を維持できたわけです。ちなみにいまの周口店遺跡には蠟《ろう》人形で作った北京原人の食事のシーンが展示されていますが、それを見ていると「おかあちゃん、この鹿《しか》の肉おいしいね」、「たくさんおあがりなさいよ」とでも語りあっているかのような親子の会話が聞こえてきそうな気がします。

もちろん非常に古い時代の人類が、実際にどんなことばを話していたかは、まったくわかりません。しかし文字が発明されるはるか前から、ヤマとかキとかミズとかアメを意味することばがあったことは確実で、もしその地域にハトという鳥がいたなら、その鳥を意味する音声のことばがあったにちがいありません。

そしてここで、漢字が発明される前の時代の中国人が、ハトのことを《キュウ》という音声で呼んでいたと仮定しましょう（ここでは「九」の日本語での音読みを使いましたが、中国語でも「鳩」と「九」はどちらもチュウ＝jiŭと読まれ、同じ発音です）。その《キュウ》と呼ばれている鳥を表す漢字を作るときに、トリを意味する《鳥》という「文」と、《キュウ》という発音を表す《九》という「文」を組みあわせれば、トリに関する事柄で《キュウ》だから、「あぁ、ポッポッポと鳴くあの鳥のことだな」と、この文字を見た古代中国人にはすぐに理解できたのです。

　これが形声という方法です。形声とは文字と表裏一体の関係にある音声言語での発音を利用する方法で、この方法を使えば、象形や指事、また会意の方法では文字化しにくい事物や概念であっても、そのことばと同じ発音の既存の「文」を使うことで、いくらでも「字」を作ることができました。

　前にも書きましたが、地面から生えている樹木は、象形で作った「木」という文で表現することができます。それがいまの「木」という漢字です。しかしウメとかサクラという植物を、種類ごとに象形の方法で描くのは至難のわざです。写真や絵画、あるいはイラストだったら、花びらを写実的に表現することでサクラとウメを区別できますが、文字の書き手はきわめて短い時間のあいだにそれを書かねばならず、また読む側も目の前にある形から瞬間的に意味を理解しないといけないので、ウメとサクラの花びらの形のちがいをじっくりと描きわけたり、あるいは書かれた形からそのちがいを観察することなどとうていできません。

　しかしウメとかサクラという植物を意味する音声のことばは、ずっと前からありました。

そこで形声という方法が登場します。いまかりに古代中国語ではウメのことを《メイ》、サクラのことを《イン》と呼んでいたと仮定しましょう。それなら《毎》（メイ）とか《嬰》（イン）という「文」を発音記号として《木》の横に配置したら、つまり「梅」や「櫻」という「字」を作れば、それでウメやサクラを表せる、というわけです（ちなみにいま使われている「桜」は、「櫻」の草書体に基づいた俗字形が戦後の当用漢字で規範的な字形となったものですから、サクラを表す漢字の構造を考えるときには「桜」ではなく、本来の「櫻」によらなければなりません）。

知らない漢字でも読めるのはなぜか？

中国語にはひとつの音声でいくつかの意味を表現する「同音異義」という現象があります。すなわち同じ発音がいくつかのことばに使われているわけですから、それをうまく利用すれば、象形や会意では文字化できない事物や概念も、同音の文字を音符として使って文字を作ることができます。

この「形声」という方法によって、漢字は飛躍的に数量が増えることになりました。漢字には「ものの形からできた」象形文字がたくさんある、と小学校の授業で教えられるので、漢字のほとんどは象形文字だと考えている人も世間にはよくいますが、日本でも中国でもいま使われている漢字の七割以上は、実は形声の方法で作られた文字なのです。

漢字には形声文字が多いということを、実は私たちも日常的によく経験しています。それは、はじめて見た難しい漢字でも、読み方はなんとなく想像がつくということがよくあるからです。

たとえば「歔欷」という難しい漢字を使ったことばがあります。それが「すすりなく」という意味であることは辞書を引かないとわかりません。しかし、あてずっぽうでもヤマカンでもかまわない、まちがっても笑わないから、「歔欷」の読み方を考えてごらん、といわれたら、多くのかたは、じゃ「キョキ」かな？　と推測するのではないでしょうか。それは「歔欷」には《虚》と《希》という要素があることに着目した推測で、そしてその推測は実際にあたっています。

あるいは「輻輳」。「ものごとが一カ所に集中して混《こ》みあうこと」という意味はやはり辞書を引かないとわかりませんが、「輻」は「福」との連想から、「輳」は右側に《奏》があることから、「輻輳」は「フクソウ」と読むのではないかと推測することが可能です。「慄然とする」というときの「慄」も難しい漢字ですが、「栗」の音読みがリツであることを知っていれば、「慄然」を「リツゼン」と読むことはそんなに難しくないと思います。

これらはすべて、漢字にはどこかに発音を表す要素が入っていることが多いという事実を、私たちが感覚的に知っているからこそ可能になるのです。

⑥たしかに動物を表す漢字でも「猫」とか「狐」、「狸」は形声文字になっていますが、それなら「馬」や「犬」、「象」は象形文字であるのはなぜですか？

「馬」や「犬」、「象」、ほかにも「虎」、「牛」などは、前にも書きましたように動物の姿全体（あるいはその一部）をかたどった象形文字ですが、同じく動物を表す漢字でも、「猫」や「狐《きつね》」、「狸《たぬき》」、「猿」などは動物を表す《犭》と、発音を表す音符（「猫」なら《苗《ビョウ》》、「猿」なら《袁《エン》》）を組みあわせた形声文字になっています。

「猫」や「猿」の左側にある《犭》は、「犬」という漢字がヘンの位置に来たときの形です。現在の漢字辞典のなかにはこの《犭》を三画の部首見出しにしているものもありますが、《犭》を意符とする漢字は、伝統的な辞書では四画の《犬》部に収められています。

部首字「犬」はイヌをかたどった象形文字でしたが、それが《犭》という形でヘンになって意味が広がり、イヌ以外の動物一般も意味するようになりました。《犭》で意味をあたえられる「猪《いのしし》」や「狐」、「狼《おおかみ》」、「猫」などは形がまだしもイヌに似ていますが、「猿」はイヌとかなり形がちがいます。「獺《かわうそ》」なんかイヌとは似ても似つかない形の動物ですが、それでもやはり《犭》を意符としています。それで《犭》が「イヌヘン」ではなく「ケモノヘン」と呼ばれるようになりました。

さて動物を表す漢字ですが、第一段階で作られた「文」で動物を表す「馬」や「犬」、「象」、「鹿」は、おそらく古代中国人の日常生活にかなり密接にかかわりをもっていた動物だったのでしょう。

イヌやウマは非常に早くから家畜として飼われていましたし、シカは狩りでつかまえて食糧としていたようです。あとでも書きますが古代中国にはゾウが野生で生息しており、それをつかまえて家畜として飼い慣らし、材木など重いものの運搬に利用していました。

第一段階として一群の漢字を作ったとき、これらの身近でなじみがある動物については姿をそのまま描いた象形文字で表現しました。このように単体の「文」で描かれた動物としては、ほかに「羊」や「虫」（へびのこと、一五七ページ参照）、「豕」（ぶた）、「貝」、「魚」、「鳥」、「鼠《ねずみ》」、「龜」（亀）などがあります。いずれも日常生活に深いかかわりがある、おなじみの動物です。あるいは生活している環境においても非常に身近な存在で、人々が親近感をもっていた生き物といってもいいかもしれません。

甲骨文の「犬」（『大書源』二玄社）

しかしすべての動物を、見たままの象形文字にできるはずはありません。それでイヌを表した形がやがて動物一般を示すマークとして《犭》（ケモノヘン）と書かれるようになり、それを意符として、音声言語でその動物を呼ぶ音を表す要素と組みあわせて、「猿」や「猫」などの漢字が作られたというわけです。つまりさきほど「梅」と「櫻」という漢字で説明した形声文字で、それらの動物を意味する漢字を作ったというわけです。

⑦「こざと」と「おおざと」は同じ形なのに、どこがちがうのですか？

いまの私たちが使っている漢字の形では、「こざと」は「階」や「院」のように左側に、そして「おおざと」は「都」や「郵」のように右側に配置され、置かれる場所のちがいで名前を呼びわけています。しかし場所がちがうだけですから、小学生や中学生のなかには、その二つを同じものと考えてしまう人もいます。「おおざと」と「こざと」は形もよく似ていて、画数も同じですから無理もないことで、実際に、小学生向けに編集されている漢字辞典や、中国から出版されているいくつかの辞典では、「こざと」と「おおざと」を統一して同じ部首としていることもあります。

しかし「こざと」と「おおざと」は、もともとぜんぜんちがう成り立ちのものでした。

「こざと」は「阜《ふ》」という漢字に由来するもので、《阝》はそれが漢字の左側でヘンになったときの形です。中国最古の字書である『説文解字』では、「阜」を「おか」とか「高台」という意味に解釈しており、また「高台」から意味が広がって、「階段」という意味を表すこともあります。

「階段」の意味がもっともわかりやすいのは、「降」という漢字です。図版には甲骨文字での「降」の形を掲げておきましたが、それは二つの足跡が階段を上から下におりていく形を表しています。古代中国人の認識では、天と地のあいだには目に見えない階段がかかっていて、神様はその階段を使って天と地上を行き来していると考えていました。「降」は神様がその階段を通って天から地上におりてこられることを表す漢字でした。逆に神様がこの階段を通って天に帰っていくことを、「陟《ちょく》」という漢字で表しました。「陟」はいまの日本ではほとんど使われない漢字ですが、『説文解字』に「登るなり」とあるように、「高いところにあがる」ことをいう漢字でした。この二つを組みあわせて、神様が天と地を行き来されることを、古代の文献では「陟降《ちょくこう》」と表現しています。

甲骨文の「降」（『大書源』二玄社）

「こざと」の由来はそうであるとして、もういっぽう「おおざと」の本来の形は「邑《ゆう》」で、それが右側でツクリになったときに《阝》と書かれます。「邑」を『説文解字』で調べると「国なり」と出てきます。「邑」は「人が暮らしている場所」を意味する文字で、そこから他の文字に対して「集落」とか「まち」、あるいは「人間の居住地」という意味をあたえる要素として使われます。日本人の苗字《みょうじ》には「中邑」と書いて「なかむら」と読むものがありますが、それは「邑」が「むら」という意味であることに由来しています。

「邑」は《囗》と《巴》とからできていますが、《囗》は「くち」ではなく、城壁で囲まれた地域を表しています。昔の中国では、人々は高い城壁で囲まれた地域のなかに暮らしていました。この城壁は実はいまから数十年前までは、北京などにも残っていました。戦前の北京の写真を見ると、一〇メートルを超える大きくて高い城壁が写っていますが、交通の障害になるとの理由で、北京の城壁は中華人民共和国になってから撤去されました。しかし西安や南京などでは、歴史的建造物としていまも部分的に残されていますし、もっと小さな地方都市では過去の城壁がいまもそのまま残っているところがあります。

そんな城壁を山の上から見ると、集落の四方を取り囲む壁が《囗》のように見えます。つまり「邑」の上にある《囗》は集落を囲む城壁を表しており、もうひとつの《巴》は「巴《ともえ》」と同じ形ですが、人がひざまずいている意味で、こちらは集落に暮らしている人間の姿を表しています。そこから「邑」という漢字は「壁に囲まれた居住地」、のちのことばでいえば「くに」とか「むら」という意味を表します。「おおざと」が「都」とか「邦」という漢字に使われているのは、まさにその意味を使っているわけです。

　このように「阜」と「邑」という本来の字形にまでもどって考えると、「こざと」と「おおざと」がまったくことなった由来をもつ漢字であることがわかるでしょう。だから伝統的な部首法に基づいて編集された辞典では、「こざと」をもつ漢字は八画の「阜」部に、「おおざと」の漢字は七画の「邑」部に収められています。

　ところでさきに示した甲骨文字の「降」を見ると、のちには左側に固定することとなった「こざと」が右にあったり左にあったり、場所が一定していなかったことがわかります。これはべつに「降」あるいは「こざと」ヘンだけにかぎったことではなく、サンズイや《手》ヘンなどの漢字についてもよく見られる現象です。いまのようにヘンやツクリとして使われる要素が一定の場所に配置されるように決まったのは、戦国時代を統一した秦の始皇帝が、全国のどこでも通用しうる標準書体として作らせた「小篆《しょうてん》」という書体でのことでした。それまでの字形ではヘンやツクリとして使われる要素がかなり大胆に、いろいろな位置に置かれていることも珍しくありませ

甲骨文の「邑」（『大書源』二玄社）

ん。こざとが左に、おおざとが右に配置されるようになったのも、やはりそれから後のことと考えていいでしょう。

⑧「雀」とか「隼《はやぶさ》」に使われている《隹》を「ふるとり」というのはなぜですか？もし鳥の意味なら、どうして「推」とか「進」にも使われているのですか？

「ふるとり」のように名称に「とり」がついている部首は三種類あって、画数の順にあげると《酉》《隹》《鳥》となります。

はじめの《酉》は「酉《とり》の市」とか「お酉《とり》さま」というように干支《えと》の「とり」を表し、《隹》と《鳥》は鳥類に関する意味を表す漢字に使われますが、これらをすべて「とり」と呼ぶとまぎらわしいので、部首の名前としては《酉》を「ひよみのとり」、《隹》を「ふるとり」、そして《鳥》を「とり」と呼びわけています。

《酉》の名前にある「ひよみ」とは「日読み」、つまり「こよみ・カレンダー」のことで、「酉」を含む十二支が昔はカレンダーとして使われたことからそう呼ばれます。ただし「酉」という漢字は鳥類となんの関係もなく、もともとは酒を入れるつぼをかたどった象形文字でした。だから「酒」という漢字の右側に《酉》があるわけで、サンズイヘンは《酉》＝つぼの外側に酒のしずくがついていることを表しています。この《酉》を意符としている漢字には「酒」のほか「酌」（酒をくむ）、「尊」（神棚に酒を供えること）、「醸」（酒をかもす）、「酩《めい》酊《てい》」（よっぱらう）、「醱酵《はっこう》」（微生物がアルコールなどを発生させること）など、ほとんどがお酒に関係する意味を表しており、《酉》がトリに関係する意味を表すのは、十二支のひとつとして使われるときだけです。

私たちは自分が生まれた年を十二支で表現することがよくありますが、その習慣はいまの中国にも韓国にも残っています。この十二支の起源については、実はよくわかりません。古代の占いに使われた亀の甲羅や牛の骨に刻まれた文章には、十干《じっかん》（甲《こう》・乙《おつ》・丙《へい》・丁《てい》・戊《ぼ》・己《き》・庚《こう》・辛《しん》・壬《じん》・癸《き》の一〇種類の漢字）と十二支（子《ね》・丑《うし》・寅《とら》・卯《う》・辰《たつ》・巳《み》・午《うま》・未《ひつじ》・申《さる》・酉《とり》・戌《いぬ》・亥《い》）の組みあわせで日にちを記した例がたくさん見られますので、十二支が殷の時代にあったことは確実です（ただしこの時代では干支で年を表すことはなく、もっぱら日にちを表すのに使われていました）。しかし十干や十二支が中国でいつごろから使われるようになったか、それが中国で生まれた考え方なのか、それとも西のほう、ペルシャあたりから伝わってきたものなのかなど、その詳しいいきさつは、いろいろな

甲骨文の「酉」（『大書源』二玄社）

説があるものの、正確なことはわかっていません。そして非常に不思議なことですが、「酉」だけにかぎらず、十二支に使われている漢字は「子」（ねずみ）にせよ「寅」（とら）にせよ、それぞれの漢字が干支に配当されている動物の意味で使われることはなく、干支の文字として使われた場合だけ、慣習的に動物の種類を表します。

《酉》についてはそれくらいとし、次に《隹》を考えましょう。

《隹》はトリの形をかたどった象形文字で、それが「ふるとり」と呼ばれるのは、「ふるい」と訓読みされる「旧」の本来の形である「舊」のなかに《隹》が使われているからです。この「舊」は一八画もある漢字ですが、これ以外にも、戦前では大人だけでなく子どもたちも非常に複雑な形の漢字を習い、それを読み書きしていましたので、さぞかし大変だったでしょう。それが戦後は「舊」を「旧」と書くようになったので、ずいぶん楽になったと思いますが、では「舊」がどうして「旧」となったのでしょうか？　「舊」という形をいくらくずしても「旧」にはなりません。それは発音を利用した簡略化であり、「舊」の音読みはキュウ（歴史的かなづかいではキウ）で、「舊」のなかに含まれている《臼》も音読みがキュウ（キウ）です。つまり「舊」と「臼」が同じ発音なので、いつの間にか「舊」のように難しい字を書く代わりに同じ発音の「臼」で代用されるようになりました。その「臼」が少し形を変えて、「旧」という字形ができたというわけです。なお「隹」をフルトリと読むのは

「舊」のなかに入っているからですが、「舊」という字そのものは、伝統的な漢字の辞典では八画の《隹》部でなく、また《艹》（クサカンムリ）でもなく、六画の《臼》部に収められています。このあたりが部首索引のやっかいなところです。

《隹》を使った漢字で、誰でも知っているものに「集」があります。そしてよくまちがうことですが、「集」という漢字は伝統的な漢字辞典では《木》部ではなく、この《隹》部に収められています。

「集」は古くは三つの《隹》が《木》の上にある「雧」という形に書かれていました。「森」や「轟《ごう》」（たくさんの車が走るときの大きな音）のように同じものが三つ書かれるのは「たくさん」という意味を表していますので、「集」の古い形は「たくさんの鳥が木の上にいる」ことを示し、そこから「あつまる」という意味を表します。

『説文解字』の篆文の「集」（『大書源』二玄社）

「雅」も《隹》と音符《牙《ガ》》とからなる形声文字で、この《隹》部に入っています。「雅」はもともとはカラスを意味する漢字でした。音符の《牙》はその鳥の鳴き声を表していて、ガーガー鳴く鳥、という意味で作られた漢字だったのです。カラスの鳴き声は決して優雅なものではありませんが、そんな「雅」が「優雅」とか「みやび」という意味に使われるようになったのは、「みやび」を意味することばとカラスを意味することばがたまたま同音だったので、当て字として使われたからにすぎません。古代中国人がカラスを優雅な鳥と考えていた、というわけではもちろんありません。

このように《隹》を構成要素にもっている漢字が鳥の種類やありさまなどを表すことがよくあるのですが、それでは同じ鳥でも、《隹》と《鳥》は具体的にどうちがうのでしょうか。それについて『説文解字』は、《隹》は短い尾をもつトリの形をかたどった象形文字、《鳥》は長い尾をもったトリの形をかたどった象形文字であると説明しています。つまり《隹》と《鳥》のちがいはトリの尾の長さにあって、《隹》が小鳥に関する漢字に関して意符となるのに対して、《鳥》のほうは小鳥に限定されず、もっと大きな鳥が含まれるというわけです。

たしかに《隹》部には「雀」、「雁《かり》」、「雉《きじ》」、「雛《ひな》」という漢字が入っており、《鳥》部のほうには「鷲《わし》」、「鷹《たか》」、「鶴」、「鳳《おおとり》」、「鷺《さぎ》」などが入っています。しかしどちらかといえば小さなトリであるニワトリについては、《隹》がついている「雞」と、《鳥》がついている「鶏」の二通りの書き方があります。また《隹》部にも「隼」、「雕」（ワシ）や「雚」（コウノトリ）など大きなトリを表す漢字が入っていますし、逆に《鳥》部にも「鷗《かもめ》」や「鶯《うぐいす》」など、決して大きくないトリも入っています。そう考えると、尾の長短や全体の大小の区別は必ずしも絶対的な分類基準ではないようです。

なお質問にあるように「推」や「進」にも《隹》がついていますが、この場合の《隹》は形声文字のなかで「スイ」という発音を表す音符として使われているだけで、鳥に関する意味を表しているわけではありません。だからこれらの漢字は《隹》部に入っておらず、「推」は《手》部、「進」は《⻌》部（本来は七画の《辵》部）に入っています。このように《隹》を音符として使っている形声文字には、ほかに「維」、「唯」、「錐《スイ》」、「堆《タイ》」などがあって、それぞれ《糸》部、《口》部、《金》部、《土》部に所属しています。

⑨《虫》は「むし」なのに、「蛇」とか「蜥蜴《とかげ》」、「蠍《さそり》」、それに「蛸《たこ》」や「蛤《はまぐり》」にも《虫》がついています。「虹《にじ》」なんかムシじゃないのに、いったいどうなっているのですか？

この問題を考えるには、まず旧字体と新字体のちがいから話をしなければなりません。戦前に撮影された古い映画や写真などで、「樂」とか「國」という難しい漢字が使われているのを見たことはないですか？

「舊」について書きましたように、もともと中国でも日本でも一九四五年に第二次世界大戦が終わるまでは、いまよりもずっと複雑な形の漢字を使っていました。しかし戦争が終わってから、中国でも日本でも漢字の形を簡単にするという改革がおこなわれました。

漢字の本家である中国では、一九四九年に中華人民共和国が成立してから漢字の改革が強く進められ、たくさんの漢字が大幅に簡略化されました。そしてそれからの中国では簡略化された漢字（これを「簡体字」といいます）を正規の文字とし、町の看板や道路標識、あるいは新聞・雑誌、書物の印刷などいたるところで使われるようになりました。

いっぽう日本でも終戦まもない一九四六年（昭和二十一年）に「当用漢字表」が定められ、法律や公用文書、それに新聞・雑誌などで使える漢字が一八五〇種類に制限され、さらに一九四九年（昭和二十四年）に公布された「当用漢字字体表」によって、それまで使われていた難しい字形が簡単な形に変わりました。「國」が「国」に、「學」が「学」に変わったのをはじめとして、「應」を「応」に、「辭」を「辞」に、「樂」を「楽」に、「圖」を「図」にするなど、たくさんの漢字がより簡単に書ける字形になりました。

ところで「虫」という漢字を昔は「蟲」と書いたことを年配のかたならご存じだろうと思いますが、やはり「当用漢字字体表」によって、「蟲」は「虫」と書くように決められました。これによって戦前まで「昆蟲」とか「殺蟲劑」と書かれていたのが、戦後は「昆虫」とか「殺虫剤」と書かれるようになり、いまではその書き方がすっかり定着しています。同じように中国でもそれまでの「蟲」を「虫」と書くことになりました。

しかし中国の非常に古い時代では、「虫」と「蟲」は別の漢字で、「虫」は「むし」ではなく、毒蛇の一種である「まむし」を表す漢字として使われていました。「虫」は頭の大きな蛇の形をかたどった象形文字で、音読みは「チュウ」ではなく「キ」です。それとは別に、戦前まで中国でも日本でも使われていた「蟲」は、その《虫》を三つ組みあわせた形で、こちらのほうは「むし」という意味で使われていました（この場合の音読みは「チュウ」です）。古くは両者はまったくちがう漢字でした。しばしば誤解されていますが「蟲」を省略して「虫」という形が作られたのではなく、「虫」という漢字もずっと前から「蟲」と別にあったのです。

　ちょっとややこしい話ですが、整理すると、古い時代の中国では「虫」と「蟲」は別々の漢字だったのが、いつの間にか「蟲」の簡略形として「虫」が使われるようになって両者が混同され、さらに「虫」という形が戦後の漢字政策によって、日本でも中国でも「むし」を意味する正規の漢字となったというわけです。

《虫》が「むし」でなく「まむし」という意味を表す要素であったことがよくわかるのは、「蛇」という漢字です。「蛇」は意符の《虫》と発音を表す《它《タ》》を組みあわせた形声文字ですが、ヘビは爬虫類《はちゅうるい》で、もちろん「むし」の一種ではありません。《虫》が「蝮」（まむし）や

甲骨文の「虫」（上）と金文の「虫」（『大書源』二玄社）

「蟒」（うわばみ）というヘビの種類を表す漢字につけられているのも、それとまったく同じ理由です。さらに《虫》は「まむし」から意味が広がって、「蛟」（みずち。水の中にすむ竜）、「蜥」、「蜴」（どちらも「とかげ」）、「蠍」（さそり）など、ヘビ以外の爬虫類を表す漢字にも使われています。

そしてまことに意外な話ですが、「虹」に《虫》がついているのもそれとまったく同じ理由なのです。

私たちは学校や書物から得た科学的な知識によって、虹とは太陽光が空気中の水滴によって反射するときに分解されて、複数の色に見える現象であることを知っています。しかしいくつもの色がついた大きなアーチが大空にかかるのを見た古代人は、それをいったいどのように感じとったでしょうか。

現代人は虹を見れば、明るく華やかな未来を感じさせるイメージをいだきますが、古代中国の人々は虹を不気味な現象と感じ、不吉なものと認識していたことはまちがいありません。これまでなんどか触れた甲骨文字は古代の占いの内容と結果を記したものですが、そのなかに、未来の運勢を占ったところ、なにか不吉なことが起こるというお告げがくだり、その結果として虹が現れた、という文章が刻まれている例があります。

甲骨文字はいまから三千年くらい前の漢字ですが、そこでは「虹」という漢字が、二つの頭をもつ龍がある山からもうひとつの山に向かって大きく身体を伸ばしている形に描かれています。古代の中国人は大空にかかる大きなアーチを、双頭の大きな龍が二つの山に頭をつっこんで、谷川で水を飲んでいると考えたようで、それで「虹」という漢字にもヘビを表す《虫》がついているのです（右側にある《工》は発音を表す音符。ちなみに「虹」の音読みはコウ）。

甲骨文の「虹」（『大書源』二玄社）

まむしをかたどった象形文字である《虫》は、はじめはこのようにヘビや爬虫類を表す要素として使われており、そこから意味が広がって、やがて「さまざまな小動物」という意味も表すようになりました。小動物にはもちろん「むし」も含まれていますので、「蚊」や「虻」（アブ）、「蟋」（コオロギ）、「蟬」（セミ）、「蟻」（アリ）のような「ムシ」類を表す漢字に《虫》が使われましたが、それ以外にも「蛸」（タコ）や「蛤」（ハマグリ）、「蝦」（エビ）、「蝌」（オタマジャクシ）、「蠣」（カキ）などに使われており、そこでは《虫》が水中の小動物という意味を表しています。

「蜃」（オオハマグリ）にもやはり「小動物」という意味を表す《虫》がついており、上半分には発音を示す音符《辰》《シン》があります。《辰》は「蜃」のほかにも「震」（《雨》＋音符《辰》）や「振」（《手》＋音符《辰》）、「娠」（《女》＋音符《辰》）などでも音符として使われています。

意符と音符の組みあわせで作られる「形声文字」では、音符として使われる要素は原則的に発音を表すだけで、ふつうは意味表示の機能をもちません。しかし同じ音符をもつ特定のグループにおいては、音符がなんらかの共通する意味をも表していると考えられることがときどきあります。

たとえば「淺」（浅、水深が小さい）や「錢」（銭、小さいお金）、「殘」（残、少しのこったもの）、「賤」（財産が少ない）、「棧」（桟、小さな橋）というグループには《戔》《セン》という音符が使われていますが、そのグループの漢字には「小さい・わずか」という意味が共通していると考えられます。ほかにも「經」（経、織物の縦糸）や「徑」（径、こみち）、「輕」（軽、速く走れる車）、「頸」（くびすじ）、「莖」（茎、植物のくき）など《巠》《ケイ》を音符とするグループには「まっすぐ、ピンとはりつめる」という意味が想定され、「濡」（ぬれる）や「蠕」（みみず）、「襦」（汗取りの肌着）、「孺」（ちのみご）など《需》《ジュ》を音符とする系列には「ジクジク・ぬるぬるしている」という意味が共通していると考えられます。

このような考え方を「右文説《ゆうぶんせつ》」というのですが、《辰》を音符としてもつ「震」や「振」、「娠」、「蜃」という漢字のグループには、どうやら「揺れ動く」という意味が共通しているのではないかと考えられます。「震」が「ゆれる」ことであるのはいうまでもありませんが、「振」とは手で揺り動かすこと、「娠」とは赤ちゃんがおなかのなかで動く「胎動」のこと、「蜃」は「蜃気楼《しんきろう》」ということばに使われていますが、それは空気がゆらゆらと揺れる現象です。

蜃気楼は大気の密度が温度差によってことなることから起こる光の異常屈折現象なのだそうですが、古代中国では、それは海中にいる大きな「蜃」（ハマグリ）の呼吸によって起こるものと考えられていました。そしてその大きなハマグリは、なんと山に暮らすキジが姿を変えたものであったというのです。キジがハマグリに変身するとはずいぶん荒唐無稽な話ですが、しかし由緒正しい儒学の経典にちゃんとそう書かれています。

儒学がなによりも重んじる礼儀作法に関する基本的な考えを述べた『礼記《らいき》』のなかに「月令《がちりょう》」という一篇があります。これは人々が毎月とるべき行動や行事、あるいは月ごとの気候の移り変わりなどを述べた部分ですが、そのうち十月の部分に「水は始めて氷り、地は始めて凍《い》て、雉は大水に入りて蜃となる」とあります。キジが海中に入ると「蜃」になるそうです。そしてこのハマグリが海中で呼吸をして吐きだした息が蜃気楼となり、地中で暴れると地面が激しく振動する……古代中国人はそのように信じていたようです。

⑩「漢」や「法」はなぜサンズイヘン？

最近の漢字辞典は部首の改編が大胆におこなわれていて、大学生や一般社会人をユーザーに想定して編集されている漢字辞書のなかにも、《水》と《氵》を別の部首とし、「河」や「淀」は《氵》で、《泉》や《漿《しょう》》は《水》で引くように作られているものがあります。ほかにも《心》と《忄》が別立てになっており、そのほうが現代人には引きやすいからという配慮なのでしょうが、私は《水》と《氵》をとりたてて区別する必要があるとも思いません。

いうまでもなく《氵》は《水》がヘンになったときの書き方です。「江」や「港」を漢和辞典で引くときには《水》部を調べることくらい、小学校の国語の授業でも教えられているでしょうから、《氵》という部首を立てること自体、私には過剰サービスとしか思えません。もっとはっきりいえば、日本人の漢字に関する学力がそこまで落ちている、とでも出版社は考えているのだろうかと嘆きたくなります。

ところで《水》部は漢字辞典での「最大派閥」で、『説文解字』から『康熙字典』までずっと、歴代の漢字辞典のなかで収録字数がもっとも多い部となっています。つまり水に関係する漢字が非常にたくさんあるということなのですが、それもそのはずで、中国には黄河や長江をはじめとして大きな川が何本もあり、日本はまわりを海で囲まれています。また中国も日本も四季の移り変わりがはっきりしていて、中国では西北乾燥地帯を、日本では北海道を除いて、六月から八月にかけては高温多湿となって雨がたくさん降ります。そのような地理的環境と気候風土にあわせて、日常生活のなかに海や川、あるいは雨に関する事柄が頻繁に登場するので、それでサンズイヘンの漢字がたくさん作られたというわけでしょう。

ほとんどの人が常識として知っている通り、《水》を意符にもつ漢字には、川や海、あるいは雨など、広い意味で水に関係する意味があります。しかしすべてのサンズイヘンの漢字が、ひと目見ただけで水に関係する意味をもっていることがはっきりわかるというわけではありません。

たとえば「法」。法律や法則・司法など、「法」という漢字を使った熟語はたくさんありますが、それらをざっと眺めても、頭に思い浮かんでくるのは「法律」あるいは「方法」という意味ばかりであって、水や河川、海に関係する意味はまず出てきません。

しかしそれでも、「法」もやはり水に関係する漢字でした。「法」はもともと「灋」という非常に難しい形で書かれ、《水》と《去》と《廌》を組みあわせた会意の文字でした。《廌》（タイと読む）とはヒツジの一種とされる、古代の裁判に使われた想像上の神聖な動物のことです。この《廌》というヒツジにはまことに神秘的な能力があって、『説文解字』に「廌は不直《ふちょく》なる者に触れてこれを去らしむる所以《ゆえん》なり」とある通り、裁判でウソをついている人間を見破って、その人間をツノでつくのだそうです。なんとも無茶な裁判ですが、このヒツジの行動によって判決がくだされ、ヒツジにつかれて敗訴した人間が川に流されたので、それで《水》と《去》が意符として加えられています。そしてその「灋」という漢字から《廌》

の部分を省略したのが「法」という字形です。

「法」と同じようによく使われる漢字なのに、サンズイヘンがついている理由がよくわからない文字があります。それはほかでもなく、「漢字」の「漢」です。

「漢」は「漢字」や「漢方薬」、「漢詩」ということばに使われていることから、「中国」に関することという意味があるのはすぐにわかりますが、しかしいったいなぜ「漢」に中国という意味があるのでしょうか。それはほかでもなく、始皇帝の建てた大帝国「秦」が、始皇帝の死後あっけなくほろんだあとに劉邦《りゅうほう》が建てた漢王朝が、古代中国を代表するもっとも強力で、長い時間にわたって続いた王朝だったからです。

劉邦は秦の首都であった咸陽《かんよう》を攻め落とした功績によって、始皇帝亡き後の戦乱時代にトップリーダーであった項羽《こうう》から、現在の陝西《せんせい》省南部にある「漢中」というところに土地をあたえられ、そこの王に任じられました。この「漢中」という地域には漢水（また漢江《かんこう》とも。長江の最大の支流）という川が流れており、「漢中」という地名はその川の名前にちなんでつけられたものでした。こうしてまず劉邦は漢中王に任じられたのですが、それからあとやがて項羽を倒し、最終的にみずからの大帝国を作ったときにも、最初の国名を使って、王朝名を「漢」と定めました。

「漢」という字は、もともと漢水という川の名前を表す固有名詞として作られた漢字でした。

「漢」にサンズイヘンがついているのは、川の名前を表す文字だったからですが、それがやがて王朝の名前に使われ、さらに中国という広大な国の文化や価値観の総称に使われるようにまでなりました。

「漢」はまた「痴漢」とか「変節漢」ということばにも使われ、そこでは「おとこ」とか「人物」という意味を表しています。ほかにも、情熱あふれる人物のことを「熱血漢」といいますから、「漢」＝おとこという意味は必ずしも不名誉なことばだけに使われるわけではありません。

「漢」にこのように「おとこ」という意味が備わったのは、華北《かほく》地方でいくつかの民族による短命の王朝が攻防をくりかえした五胡《ごこ》十六国時代（三〇四―四三九）に、北方の「胡人」（漢民族以外の少数民族）が南方の王朝に暮らす漢民族の人たちのことを「漢子《かんし》」（漢民族のやつら）とさげすんで呼んだのが語源で、それから「漢」が「おとこ」という意味で使われるようになりました。もちろんいまではそのような民族的対立を感じさせる使い方などまったくなく、たとえば北京観光のハイライトとして多くの見学者でにぎわう長城見学での主要なスポット「八達嶺《はったつれい》」には、「不到長城非好漢」（万里の長城に行かなければ好い男とはいえない）という有名な成語が、毛沢東《もうたくとう》の筆跡で石碑に刻まれています。

⑪「頭」や「額」って「頁」(ページ)と関係あるの?

「頭」や「額」、「願」、「順」などの右側にある《頁》が、部首の名前として「オオガイ」と呼ばれることはよく知られているでしょうが、では「オオガイ」とはどういう意味なのかについては、それほど知られていないと思います。しかしその答えは案外簡単で、「頁」が「貝」とよく似た形をしていて、「貝」よりも画数が二画多いので、それでオオガイと呼ばれます。要するに「大貝」というわけです。

しかし《頁》が《貝》に似ているといっても、意味の面で「貝」に関係があるわけではありません。《頁》はひざまずいた人間の頭の部分を強調した形であり、だからこれを部首とする《頁》部には、人の頭部に関する状態や名称などを意味する漢字が集められています。《頁》部に収められる漢字では、多くが《頁》を「あたま」あるいは「くび」という意味で使っています。たとえば「頂」は《頁》と音符《丁《チョウ》》からなる形声文字で、「頭のてっぺん」つまり頭頂部という意味から「いただき・ものの最上部」を意味し、「頂上」とか「頂点」ということばに使われるようになりました。

「領」も《頁》と音符《令《レイ》》からなる形声文字で、本来は「うなじ・くびすじ」という意味だったのが、やがて「首領」とか「領袖《りょうしゅう》」など「トップ」の意味で使われるようになりました。中国語ではネクタイのことを「領帯《リンタイ》」といいますが、それも「領」を「くび」という意味で使っている例です。

「頭」も《頁》と音符《豆《トウ》》からなる形声文字で、「あたま」から「番頭・船頭」というように「かしら・指導者」という意味に使われます。「額」も《頁》と音符《客《カク》》とからなる形声文字で、もともとは「ひたい・おでこ」という意味でした。そして人のひたいが頭から前に突きだしていることから、高いところに目立つように作られたものをのちに「額」という字で表現するようになりました。門の上に掲げられる書や絵の「額」はその意味であり、額縁の「額」も同じです。

しかしこの《頁》部に収められる漢字にも、要素として使われている《頁》が必ずしも「あたま」や「くび」を表さないものがあります。たとえば「預」という漢字になぜ《頁》がついているのかは、実はよくわかりません。「預」は古い時代の文献には見えない漢字で、王鳴盛《おうめいせい》（一七二二—九七）という学者によれば、三世紀から四世紀あたりに「豫」（「予」の旧字体。「あらかじめ」とか「たのしい・よろこぶ」の意）の異体字として作られた漢字ではないかということです。また「頼」は古くは「賴」と書かれ、ツクリ

甲骨文の「頁」（『大書源』二玄社）

の部分は《頁》ではありませんでした。「頼」は《貝》を意符、《剌《ラツ》》を音符とする形声文字で、はじめは「もうける」、「利益を生じる」という意味を表し、それがやがて「あてにする」とか「たよる」という意味で使われるようになったものです。

ここまで述べてきたように、《頁》が「人の頭」という意味を表す要素として使われることもよくありますが、いまの日本語では、この字を「ページ」という意味で使う以外には用例がほとんどありません。しかしこの使い方は近代以後の「文明開化」の時代に、「page」という英語が入ってきたときに日本語でそれを訳すために使われた用法にすぎず、「頁」にもともと「ページ」という意味があったわけではありません。

漢和辞典で「頁」をさがすと、まず「ケツ」という音読みが出てきますが、それは人の頭を意味するときの音読みであり、それ以外にも「ヨウ（エフ）」という音読みがあげられています。この「ヨウ」が、ページという意味で「頁」を使うときの音読みです。ほとんどの辞書にはそこに「『葉《よう》』に同じ」という意味の記述があるはずです。

中国や日本での伝統的な書物の装丁形式を、私たちは一般的に「和綴《わと》じ」と呼んでいます。近代に西洋式に装丁された書物が輸入される前は、紙を何枚か貼りあわせて巻物にした形のもの（巻子《かんす》本《ぼん》といいます）や、あるいはお経のようにアコーディオンの形に作られたもの（「折り本」といいます）以外、ほとんどすべての書物がその方式で装丁されていたわけですから、それをわざわざ「和綴じ」などと呼ぶはずがありません。「和綴じ」は近代になって作られたことばですが、その装丁はもちろん日本だけではありませんでした。中国や朝鮮で過去に木版で印刷された書物も、紙を中心から二つに山折りして順に重ね、紙をそろえて端を糸で綴じた形に作られています。ちょうど私たちが資料などをコピーしたときに二つ折りして端をステープラーで綴じるのとまったく同じ形になりますが、この装丁を正しくは「線《せん》装本《そうぼん》」といい、「線」とは糸のことです。

このような伝統的な書物の研究では、ページ数を数えるときに「葉」ということばを使います。この「葉」は現代のことばでは「枚」にあたるもので、「線装本」の装丁では印刷した一枚の紙を二つ折りにしますので、結果的に紙一葉（＝一枚）が二ページになります。それでそれぞれのページを「第○葉」の表とか裏というように呼んだのですが、その呼び方がやがて西洋式の書物にも適用されて、「葉」という漢字でページ数を表現するようになりました。その「葉」という漢字が、もっと簡単に書ける同音の「頁」に取り替えられたのが、いまのように「頁」をページの意味で使うようになった由来です。

⑫「点」とか「燕」、「為」の下にあるのもレンガですか？

漢字を構成する要素のうち、大まかな意味を表す部分を意符と呼ぶことはこれまでにもなんども書いてきました。もっともよく見かける意符はサンズイヘンや《手》ヘンのように漢字の左側に配置されるものですが、おおざとやサンヅクリ（彡）のように右側に置かれるものもあり、クサカンムリやタケカンムリは上に置かれます。数はあまり多くありませんが、「想」や「思」にある《心》（これを「したごころ」といいます）や、「盤」や「盟」、「盂」にある《皿》（さら）のように、漢字の下部に配置されるものもあります。

漢字の下にくる意符としてよく見かけるもののひとつに《灬》があります。これは《火》という意符が下部に配置されるときの形で、点が連なった形で「火」という意味を表すことから「レンガ」（連火）、あるいは「烈」という漢字の下にあって「火」を表すことから「れっか」（烈火）と呼ばれます。

《灬》が「火」を表していることは、「熱」や「烈」という漢字によく示されています。《隹》が鳥を意味する意符であることは前に取りあげた通りですが、その《隹》の下に《灬》をつけると「焦」という漢字になります。「焦」は小鳥を火で焼くことを表す漢字です。といっても、古代中国に焼き鳥屋さんがあったわけではなく、火で焼いた鳥を先祖を祭った祭壇にお供えすることからできた漢字です（もちろんお供えのあとはお下がりとして食べたにちがいありませんが）。それで「焦」に「こげる」とか「焼く」という意味が備わりました。

このようにレンガは「火」に関係することを表す意符なのですが、しかしなかには《火》とまったく関係ないのに、《灬》とよく似た形がほかの漢字の下部に現れることもあります。たとえば「魚」の下部にも《灬》がありますが、「魚」は見た通りサカナの姿をかたどった象形文字で、「魚」の下にある《灬》は尾びれの部分の形ですから、もちろん《火》を表す要素ではありません。

「燕」の下にも《灬》があります。そして一般的な漢字辞典では「燕」を《灬》部に入れていますが、それは辞書のなかに漢字を分類配置するための便宜的な処置であって、『説文解字』では「燕」は《燕》部の部首字となっています。「燕」はツバメをかたどった象形文字なので、《灬》は尾羽《おばね》の部分の形ということになります。

甲骨文の「魚」（『大書源』二玄社）

甲骨文の「燕」（『大書源』二玄社）

ところで小学校の国語の教科書のなかには、漢字の部首を取りあげる部分でいくつかの部首とともにレンガを出し、そこに例として

「点」という字を掲げるものがあります。たぶん「点火する」ということばからの連想で、「点」が「火をつける」という意味であるとでも考えた結果なのでしょうが、しかし「点」に「点火」とか「着火」というような「火をつける」意味はもともとありません。

「点」は戦後の日本や中国で実施された漢字簡略化の結果として使われるようになった字形で、古くは「點」と書かれていました。その「點」を簡略化したときに、《黑》の下にある《灬》と右側の音符《占》を上下に組みあわせて「点」という形にしたのですが、「點」は意符の《黑》と音符《占《セン》》からなる形声文字で、もともとはホクロのような「黒い小さな点」を表す漢字でした。「火」に関する意味がまったくない「魚」や「燕」の下部がレンガでないように、「点」の下部が《灬》という形であるからといって、それをレンガと呼ぶのはまちがいだと私は思います。

最後に「為」を取りあげましょう。「為」の下にある《灬》も、「火」を意味するレンガではありません。「為」の本来の字形は「爲」で、上部に《爪》があることから、伝統的な漢字辞典では四画の《爪》部に収められています。しかし《爪》はツメではなく、本来は手を上のほうから下にかざす形を示していました。《爪》の下にある部分は象の形をかたどっており、「爲」は全体として、人の手が象の鼻をつかんでいる形を示しています。「爲」とは本来は象を家畜として使役することを意味する文字でした。

甲骨文字を使っていた時代の中国には、象が野生動物として黄河の流域にいました。歴史学者や自然科学者の研究によれば、そのころの黄河流域はいまよりはるかに温暖だったようです。

当時の遺跡からゾウの骨が発見されているように、象が古代中国で野生の動物であったことを示す証拠はいろいろとありますが、なによりも有力な証拠はほかでもなく、「象」という漢字が甲骨文字のなかに存在することです。一三四ページに示したように、甲骨に記録された「象」という漢字は長い鼻と先が分かれた尻尾《しっぽ》をもっていて、象の特徴をよくつかんで描かれています。このような象形文字を作るのは、実際の象の姿を知っていなければ絶対に不可能です。

甲骨文の「為」（『大書源』二玄社）

「為」は象の鼻を手でつかんでいる形で、象を使役することを意味する文字でした。狩りで捕らえた象は家畜として飼育されました。象は従順な動物なので飼い慣らすことも簡単で、数百キロにも達する重い資材を楽々と運搬できる力は、古代ではなにものにも代えがたいものでした。起重機が発明される前に、重いものを運んだり、空中に持ちあげるためには、長い鼻をもつ象が最高の「道具」でした。おそらく宮殿の建築などのために大量の材木を運搬するときには象が使われたのでしょう。そしてこうして象を使役することから、ひいて「仕事をする」という意味をこの「為」という字で表現するようになったというわけです。

6時間目
学校教育と常用漢字について

①常用漢字とは

漢字使用の目安

常用漢字とは「常用漢字表」という規格に収められている漢字のことで、いまの日本における漢字使用の「目安」とされています。終戦直後の一九四六年（昭和二十一年）に作られた「当用漢字表」のあとを受けて、一九八一年（昭和五十六年）十月に作られたものが、二〇一〇年（平成二十二年）十一月に改定されました。最初に作られた「常用漢字表」は一九四五字で構成されていましたが、改定で二一三六字になりました。

常用漢字表は「内閣告示」として、一九八一年（昭和五十六年）十月一日付「官報」（政府からの公示事項を記した機関紙。政府刊行物サービス・センターや官報販売所で発売され、いまはインターネットでも閲覧できる）に掲載されました。二〇一〇年の改定にあたってもやはり内閣告示として官報に掲載され、同時に平成二十二年内閣訓令第一号とされました。

「内閣訓令」とは内閣から各省庁に対して出される命令のことで、各省庁の業務に関して法令としての効力をもちますから、これによって東京の霞ケ関《かすみがせき》などにある中央官庁に勤務する公務員が業務において作成する日本語の文章では、基本的に常用漢字表の範囲内で漢字を使わなければならないということになります。

このように常用漢字表はまず省庁における漢字使用において法令としての効力を有しますが、適用の対象としているのは公務員だけではありません。常用漢字表の「前書き」（二〇一〇年の改定常用漢字表による。特にことわらないかぎり以下同じ）は、この漢字表の性格について次のように規定しています。

1　この表は、法令、公用文書、新聞、雑誌、放送など、一般の社会生活において、現代の国語を書き表す場合の漢字使用の目安を示すものである。

2　この表は、科学、技術、芸術その他の各種専門分野や個々人の表記にまで及ぼそうとするものではない。ただし、専門分野の語であっても、一般の社会生活と密接に関連する語の表記については、この表を参考とすることが望ましい。

3　この表は、都道府県名に用いる漢字及びそれに準じる漢字を除き、固有名詞を対象とするものではない。

4　この表は、過去の著作や文書における漢字使用を否定するものではない。

5　この表の運用に当たっては、個々の事情に応じて適切な考慮を加える余地のあるものである。

個々人の漢字使用は自由

お役所特有のいささかわかりにくい表現がいくつかありますので、かいつまんで説明すると、まず1において、常用漢字表は「法令、公用文書、新聞、雑誌、放送など、一般の社会生活において、現代の国語を書き表す場合の漢字使用の目安を示す」と規定されています。要するにそれは主として法律の文章や官庁から出される文書、それにマスコミなどが出版する印刷物を対象とする規格であって、そのことは次の2に「この表は、科学、技術、芸術その他の各種専門分野や個々人の表記にまで及ぼそうとするものではない」とある項目と密接に関連しています。科学や技術の分野には適用しないというのですから、たとえば技術関係のマニュアルに「**砥**石《といし》」や「刺**繍**《ししゅう》」、「橋**桁**《はしげた》」、「**珊瑚**《さんご》」、「**焙烙**《ほうろく》」と書いたり、化学の学術論文で「**蟻**酸《ぎさん》」とか「**醗**酵《はっこう》」と書こうとするときに、表外字（常用漢字表に入っていない漢字。ここでは太字で示した）をひらがなで、たとえば「刺しゅう」とか「橋げた」というように書く必要はない、というわけです。

芸術の分野でも、書道の作品を常用漢字表に入っている漢字だけで書けというのはナンセンスですし、「**伽**羅先代**萩**《めいぼくせんだいはぎ》」とか「桜**鍔**恨　**鮫鞘**《さくらつばうらみのさめざや》」など、表外字がいっぱい出てくる歌舞伎《かぶき》や浄瑠璃《じょうるり》などの外題《げだい》（タイトル）を常用漢字だけで表記するのはとうてい不可能です。またあまり知られていないことですが、小説や詩歌・随筆は「文学」という芸術のひとつですから、常用漢字の制約を受けません。小説家が難しい漢字をいっぱい使って作品を書いても、政府が決めた規格にしたがっていないと文句をいわれる筋あいはない、ということになります。

ここで特に強調したいのは、常用漢字が「個々人の表記にまで及」ぶものではない、ということです。そのことはもっと世の中に知られる必要があると私は思います。「常用漢字」という名称から判断されるのか、役所やマスコミなどだけでなく、一般人が文章を書くときにもこの表に入っていない漢字を使ってはいけないと思っている人が世間にはたくさんおられるようですが、それはまったくの誤解です。常用漢字はあくまでも「法令、公用文書、新聞、雑誌、放送など、一般の社会生活において」漢字を使うときの目安であり、個人が手紙を書いたり日記をつけたりするときにどのような文字を使おうが、それはまったく個人の自由ですし、そもそも個人レベルでの文字の使い方は表現の自由によって保障されるべきで、それに国家や権力が注文をつけるのは許されないことです。

固有名詞への適用

「前書き」の3には、固有名詞に使われる漢字についての記述があります。一九四八年（昭和二十三年）に施行された「戸籍法」によって、日本国籍をもつ子どもの名前に漢字を使うときには、常用漢字と、別に法務省が定めている人名用漢字（正しくは「戸籍法施行規則別表第二」所載の漢字の表）のなかから選ばなければならないことになっています。子どもの名前にはそれぞれの時代によって流行や好みがあって、人名用漢字もそれにあわせてなんどか拡張されてきました。一九四八年より前に生まれた人については、名前に使う漢字になんの制限もありませんでしたから、高齢のかたのなかにはずいぶん難しい漢字を使ったお名前があります。しかし一九四八年以後に生まれた人の名前は、日本国籍をもっているかぎり一定の範囲に収まりますから、時間とともに難しい漢字の名前がなくなっていくということになります（ただし使える漢字であれば、それをどう読むかについてはまったく規定されていませんから、「太陽」と書いて「サン」と読んだり、「一二三」と書いて「ワルツ」と読むというような、まるでなぞなぞのような名前は、これからもずっと存在しつづけるにちがいありません）。

いっぽう姓（苗氏）に使われる漢字については、なんの制限も設けられていません。日本人の姓には実に多種多様な漢字が使われていて、同じ漢字でもことなった書き方をすることがしばしばあります。「おおさわ」さんには大沢さんと大澤さんがおられますし、「とみなが」さんには富永さんと冨永さんがおられます。使われている漢字のすべてにことなった書き方がある姓もあって、「たかしま」さんには高島さんと髙島さんと高嶋さんと髙嶋さんがおられます。

姓は長い歴史にわたって先祖から脈々と伝えられているものですから、そこに家と個人のアイデンティティが反映されていると考える人が世間にはたくさんおられます。私の苗氏に使われているのは「吉」ではなく、上の部分が《土》になっている「𠮷」でないとだめだ、と役所に強く主張されるかたは珍しくありませんし、役所もできるかぎりその希望に添うようにしています（ただしいまは戸籍を電算処理するので、すべての希望をかなえることができるわけでもないようですが）。

このような姓に使われる漢字を、すべて常用漢字表に印刷されている形にそろえることは現実に不可能です。もちろん常用漢字表に入っていない漢字だからといって、その部分をたとえば「**篠**山さん」を「しの山さん」とか、「**筑**紫さん」を「ちく紫さん」と、ひらがなで書くこともできません。それは地名においても同様で、富山県にある「**礪**波」や東京にある「**砧**」という地名に使われている漢字が表外字であるからという理由で、それを「と波」とか「きぬた」と書くことにしたら、あちらこちらから激しいブーイングが起こることでしょう。

それで常用漢字やその前の当用漢字では、姓名や地名などの固有名詞を対象としないことになっていたのですが、二〇一〇年の改定で、都道府県名に使われている漢字（およびそれに類する「韓」と「畿」）だけは、ほとんど固有名詞にしか使われない字であっても、例外として常用漢字表にすべて含めることとされました。二〇一〇年の改定で、「埼」、「阪」、「栃」、「岡」、「茨」、「奈」、「媛」、「梨」、「阜」、「鹿」、「熊」の一一字があらたに常用漢字となり、これで現在の都道府県名がすべて常用漢字で表示できるようになりました。大阪の「阪」や福岡・岡山・静岡の「岡」、あるいは鹿児島の「鹿」や熊本の「熊」などがそれまで常用漢字ではなかったことをはじめて知って驚いた、というかたもたくさんおられました。「阪」や「岡」は「大阪」や「福岡」、「静岡」、「岡山」という地名以外にはほとんど使われず、一般的なことばを作る「造語力」がほとんどないこと、また「熊」や「鹿」などの動物名は公用文ではカタカナで書くという規定があったことからそのように決められていたのですが、地名はその土地の人にとってはもっとも「常用」されるものなので、常用漢字表に取り入れることとされました。固有名詞に対するこの扱いは、新聞記事などでも大きく報道され、きわめて妥当な処置であるとおおむね評価されました。

常用漢字とは右に述べた性格をもつもので、少し誇張していえば、役所やマスコミから刊行される印刷物で漢字を使うための目安を示すことを目的として決められたものです。しかしそれが、中学校から高等学校の国語の授業で、常用漢字のすべてを理解できるようにと文部科学省が学習指導要領で定めているので、私たち個人個人の文字生活にも深く関係するものとなりました。

それでは常用漢字表にはどのような漢字が収録されているのでしょうか？

常用漢字表は文化庁文化部国語課のホームページに掲載されていますし、一般の書店でも何種類かが書物の形で発売されています。国語辞典や漢和辞典の巻末、あるいは各種の便覧などにもしばしば掲載されているので、表の実物を見ることは決して面倒ではありません。興味があるかたはぜひとも一度ご覧いただきたいと思います。

②「常用漢字」って、ほんとに「常用」の漢字ばかりなの？

二〇一〇年に改定された常用漢字

いまの常用漢字表には全部で二一三六種類の漢字が収録されています。これは一九八一年に制定された表に収録された一九四五字を基礎として、いまではあまり使われなくなったと判断された五字（勺・錘・銑・脹・匁）を削除し、それとは別に、近年の情報機器の普及などによってよく使われるようになった一九六字を追加したものです。この字種の追加と削除については、委員たちの個人的な判断によるのではなく、近年の印刷物における漢字の使用頻度数を示した客観的なデータをよりどころとしています。

改定作業をおこなう委員会は一般公開されていましたので、その途中で審議経過がしばしば新聞やテレビでも報道されました。また改定原案を作ってから二度にわたってパブリックコメント（一般からの意見募集）をおこないましたので、さまざまなご意見がたくさん寄せられました。なかには「自分の名前に使われている漢字が常用漢字に入っていないのはけしからん」というようなものも少数ながらありましたが、ほとんどはこれからの日本における漢字のあり方を真剣に考えた、傾聴するに足るご意見でした。

なぜ「朕」が含まれているか

常用漢字表に入っている漢字のうちいくつかについては、これまでにもいろいろ議論がありました。なかでもよく議論（はっきりいえば批判）の対象になったのは、「朕《ちん》」と「璽《じ》」でした。いまどきこんな漢字を使う人はいないのに、それでも常用漢字だからという理由で高校で学習しなければならないのは不合理だという意見もよく耳にします。しかしそれらの漢字が常用漢字表に入っているのには、もちろんちゃんとした理由があるのです。

「朕」は中国で古くから、「我」や「吾」などと同じように、一人称代名詞として使われる漢字でした。古代中国の文献には「朕」を「わたしの」という所有格に使う例がしばしば見られますが、紀元前二二一年に戦国時代を統一して全国ただ一人の王となった秦の始皇帝が、それまでの「王」という名称を「皇帝」とあらためたのにあわせて、「朕」を天子だけが使える一人称代名詞と定めました。それ以後は一般人が「朕」という代名詞を使うことは許されず、皇帝専用の一人称代名詞となりました。その使い方がやがて日本にも入り、戦前まで(正確には日本国憲法が公布されるまで)、天皇だけが一人称として「朕」を使っていました(ちなみに現在の天皇は一人称代名詞として「わたくし」を使っておられます)。

もうひとつの「璽」は「官印」つまり役職を示すハンコという意味ですが、『説文解字』に「王者の印なり」とあるように、中国では主として皇帝の印章を意味する漢字として使われてきました。日本でも明治時代以後に、天皇が発布した文書の末尾に、天皇直筆のサインと、「天皇御璽」と刻まれた九センチ四方もある大きな純金製の印鑑が捺《お》されていました(いままでも法律や条約はそうされています)。サインの部分は、実際には明治天皇なら「睦仁《むつひと》」、昭和天皇なら「裕仁《ひろひと》」と天皇の実名(「諱《いみな》」といいます)が自署されているのですが、式典などでその文書を朗読するとき、天皇の名前をそのまま口にして読みあげるのはまことに「おそれ多いこと」なので、その部分を、「お名前」と「ご印鑑」があるという意味で「御名御《ぎょめいぎょ》璽《じ》」と読みあげることになっていました。

この二文字が「常用漢字表」に入っているのは、終戦直後に作られた「当用漢字表」に入っていたものをそのまま引き継いだ結果です。それでは「当用漢字表」になぜその二文字が取り入れられたのでしょうか?

当用漢字表は一九四六年（昭和二十一年）十一月十六日に内閣から告示されたものですが、その直前の十一月三日に新しい憲法が公布されました（施行は翌年の五月三日からで、これがゴールデンウィークにある「憲法記念日」の由来です）。すなわち全部で一〇三条からなるいまの「日本国憲法」です。

憲法には最初の部分に、

日本国民は、正当に選挙された国会における代表者を通じて行動し、われらとわれらの子孫のために、諸国民との協和による成果と、わが国全土にわたって自由のもたらす恵沢を確保し、政府の行為によって再び戦争の惨禍が起ることのないようにすることを決意し、ここに主権が国民に存することを宣言し、この憲法を確定する。

ではじまる「前文」があることはよく知られていますが、実はその前に、この憲法を制定公布することを許可する天皇の「上諭《じょうゆ》」がついていて、そこに、

朕は、日本国民の総意に基いて、新日本建設の礎《いしずえ》が、定まるに至ったことを、深くよろこび、枢密《すうみつ》顧問の諮詢《しじゅん》及び帝国憲法第七十三条による帝国議会の議決を経た帝国憲法

の改正を裁可し、ここにこれを公布せしめる。

御名御璽

昭和二十一年十一月三日

内閣総理大臣兼外務大臣　吉田茂

国務大臣　男爵　幣原喜重郎《しではらきじゅうろう》

（以下略、原文は旧字体）

と記されています。

ここに「朕」と「璽」が使われています。そしてこの「上諭」は「前文」とともに日本国憲法を構成する文書のひとつとなっていますので、「朕」と「璽」が使えなければ憲法全文を正しく表記できない、ということになってしまいます（ちなみに「爵」という漢字も常用漢字表に入っています。華族制度がなくなった戦後はこんな漢字など必要ないだろうと問題にされることもよくあるのですが、「上諭」の末尾に「国務大臣　男爵　幣原喜重郎」とある署名を公文書に記載するためにはこの漢字が必要です）。それが「朕」と「璽」が当用漢字表に入った理由です。憲法は制定されたあと一度も改定されていませんから、いまでもその「上諭」は憲法の一部となっているので、常用漢字表でも削除されなかった、というわけです。

「謄」と「繭」

ほかにも常用漢字表を詳しく見ていくと、いまはあまり使われなくなった、少なくとも現代人にとっては決して「常用」ではない漢字がいくつかあります。ここではその例として、「謄」と「繭」を取りあげます。

私が高校生だった昭和四十年代あたりまでは「ガリ版印刷」(あのトーマス・エジソンが発明したのだそうです)というものがあって、教室で配布されるプリントやテストはほとんどすべて「ガリ版」で印刷されていました。

「ガリ版印刷」のしくみは、まずパラフィンやワセリンなどを塗った光沢のある薄い紙を専用のやすり盤に載せ、上から先がとがった鉄筆を強く押しつけて文章や絵を書くと、紙の表面についている塗料がけずられて、原紙に細かい穴がたくさんできます。この作業をかつては「ガリを切る」などといったものですが、手書きの文字がそのまま印刷の原稿になるわけですから、ガリを切る作業はともすれば字の上手な人に押しつけられることが多かったようです。私も中学生のときに生徒会の役員をしていたのでなんどか「ガリを切った」ことがありますが、できあがったプリントに表示される悪筆をずいぶんひやかされたものでした。

ともあれこうして鉄筆で文字などを書きこんだ原紙を、絹のスクリーンを張った枠にしっかりと固定して、原紙の上からインクをつけたローラーを転がしていくと、穴があいている部分だけインクが通り、下に置いた紙に文字や絵が印刷されるというしくみです。学校のみならず、会社でも社内配布の書類などには当たり前のように使われていた簡便な印刷方法でしたが、その後いろいろな簡易印刷技術が開発され、さらにコピー機などが登場して、いまではガリ版の道具そのものをほとんど見ることができなくなっています。

このガリ版のことを正しくは「謄写版」といいます。「謄」とは「写しとる」という意味の漢字で、それを使った「謄写」は「原本の通りにそっくり書き写す」という意味として、中国で古くから使われていた熟語です。原紙に刻まれた文字や絵をそのまま写しとることから「謄写版」と呼ぶわけですが、この「謄」という漢字をすらすらと書ける人は、世間にもそれほどたくさんはおられないと思います。

この漢字が常用漢字とされているのは、「謄本」ということばが法律や公用文書に頻繁に登場するからです。「謄本」とは個人の住宅や土地、あるいは会社などに関する公的な記載が登記されている原本をそのまま写しとった文書のことで、いまのことばでは「コピー」にあたります。しかしずっと前に作られた法律や公文書には、もちろん「コピー」と書かれてはいません。

「謄本」には、個人の戸籍に関する「戸籍謄本」や、不動産や会社などについての「登記簿

世界遺産になった富岡製糸場

謄本」、それに民事裁判の正式な記録として作られる「訴訟記録の謄本」などがありますから、「謄」が行政機関や不動産関連のビジネスにとって非常に重要な漢字であることはいうまでもないでしょう。それで常用漢字表に入っている、というわけです。

もうひとつの「繭」ですが、この漢字を「まゆ」と読める人はたくさんおられるでしょう。しかしなにも見ないでこの字をすらすらと書ける人はやはりそれほど多くないと思います。蚕（これも常用漢字です）の繭から作った生糸で織りあげた絹織物は、かつて日本を代表する生産品のひとつでした。終戦直後に作られた「当用漢字表」にもこの漢字は収録されています。こんな画数の多い漢字はひらがなで書くべきだと判断しなかったのは、その時代において養蚕と絹織物工業は日本の基幹産業だったからでしょう。そして「繭」はそのまま常用漢字表に収められて、いまにいたっています。

ところが戦後時間がたってさまざまな化学繊維が開発され、生活様式も大きく変わって、和服があまり着られなくなってきました。また中国などから安い絹織物が大量に輸入されるようにもなって、養蚕業や絹織物の生産がすっかりさびれてしまいました。蚕を飼うための桑も、日本ではもうほとんど栽培されていません。養蚕業と絹織物の生産はいつまでも継承していかねばならない伝統産業として、細々と営まれているというのが実情です。

そんな時代に「繭」という字が「常用」であるといわれても、なんとなく違和感を覚える人がいても不思議ではないと思います。しかし各地で絹織物がさかんに生産されていた時代では、「繭」という漢字が社会生活において必要であったことはまちがいない事実です。時代と社会の移り変わりによってある業種が衰退したからといって、そのたびごとに特定の漢字を常用漢字から外していけば、漢字使用の継続性が損なわれ、社会生活に大きな混乱をもたらします。それで二〇一〇年の改定においても「繭」は常用漢字としてそのまま残ることとなったというわけです。

③「鬱」なんて難しい漢字も常用漢字になったんですって？

情報機器の普及

二〇一〇年の常用漢字表改定における最大の特徴は、なんといっても、パソコンや携帯電話などの情報機器が急激に普及し、それが日本語記録環境を大きく変えた状況に対応したことです。

最近はあまり見かけなくなりましたが、しばらく前まで「ワープロ専用機」という機械が各メーカーから発売されていました。皆さんのおうちにも、押し入れのなかなどに一台くらいまだ眠っているのではないでしょうか。そのワープロが最近ではインターネットの爆発的な普及とともにパソコンにとって代わられ、さらにはそのパソコンも最近ではずいぶん小さくなって、電車のなかでパソコンやタブレット型端末をカバンや膝の上に置いて、文書やメールを書いている人がいまでは珍しくなくなりました。

またそれとは別に、高機能の携帯電話が急激かつ広範囲に普及し、ビジネスマンはいうに及ばず、高校生や大学生から年配の人まで実に多くの人たちが、片手に載る小さな電話機を操作してさまざまな文章を書いています。このような文章記録環境の変化が、日本語に関する、特に漢字に対する認識にきわめて大きな影響をあたえました。

アメリカで生まれたコンピューターが、日本でも一九七〇年代からビジネスにおける大規模な情報処理に導入されはじめていました。コンピューターを使えば人間がおこなうには複雑すぎる計算や業務を迅速にかつ正確におこなえるようになることから、たくさんの顧客をもつ銀行やガス・電力会社などが、顧客の管理とデータ処理などに積極的にそれを導入しました。コンピューターの導入効果には目をみはるものがあり、そのおかげで業務処理の能率が飛躍的に向上しました。

そしてそれとともに、コンピューターに日本語化の波が訪れました。もともとコンピューターは専門のプログラマーとオペレーターが白衣を着て、塵《ちり》ひとつないクリーンルームのなかで操作するというイメージのもので、技術者たちは当然のように英語で機械を操作していました。未来社会を描いた手塚治虫《てづかおさむ》氏の漫画でもコンピューターはそのように描かれていましたし、その時代ではコンピューターとはそういうものだ、と誰もが思っていました。

しかしコンピューターを導入する会社が増えて機械がだんだん安くなって、小さな規模の会社や事業所までそれを使って納品書や請求書などの伝票を打ち出したり、顧客リストを管理したりしはじめると、そこで漢字が使えないのは非常に困るという声が大きくなってきました。このような要望に技術者が応えた結果、コンピューターでしだいに漢字が扱えるようになり、さらに一九七〇年代末期になって「日本語ワードプロセッサ」（ワープロ）という、日本語の文章を書くためだけに目的を特化したコンピューターが発売されました。

日本最初のワープロは東芝が七九年十月に発売し、その後ほどなく富士通などが続々と発売をはじめました。だから一九八一年に「常用漢字表」が制定されたときには、コンピューターを使って漢字かなまじり文の日本語を書くことがすでに可能にはなっていました。しかし初期のワープロは数百万円もする高価な機械であり（東芝が最初に発売した機械は六三〇万円！　当時の大卒の初任給は一二万円前後、私はそのとき大学院生でしたが、一ヶ月八万円もあれば不自由なく下宿生活を送れました）、大会社のオフィスで一台設置できるかどうかというようなものだったので、一般人が文書作成に気軽に使えるようなものではとうていありませんでした。

ワープロなどの電子機器がまだまだ「高嶺《たかね》の花」だった時代では、それで日本語の文章を書くという行為は、ほとんどの日本人にとって考えられないことでした。だからそんな時代に制定された「常用漢字表」では、情報機器で漢字を使うという発想がまったく視野に入っていません。それは時代背景を考えれば無理もなかったといえるでしょう。つまり非常に高価な機械であったワープロ（＝コンピューター）と一般人が日常生活で使う漢字の問題が、すりあわされて考えられることなどほとんどなかったというわけです。

ところが時代はあっというまに移り変わり、ワープロが驚くべき速度で高機能・低価格化して社会に普及し、さらに小型コンピューターや携帯電話がいたるところで使われるようになると、それらの機械で漢字かなまじり文の日本語を書くことが、当たり前の行為になってきました。

当用漢字表や常用漢字表は文部省（現在は文化庁）が管轄していたのに対して、情報機器で扱われる漢字は、工業製品に関する種々の業務を取りしきる通産省（現在の経済産業省）

の管轄でした。その時代においては、学校教育や芸術活動にかかわる役所は工業製品で使う漢字の問題など考えたこともありませんでしたし、工業製品を扱う部署においても、漢字の問題などまったくといっていいほど考えたことがありませんでした。ここで省庁間の縦割り行政の弊害を議論するつもりはありませんが、両者は漢字についてまったく別のところで議論しており、それぞれが独自に規格を作成していました。

ともあれこうして機械製品で漢字を処理するためのスタンダード、いわゆる「ＪＩＳ漢字コード」が作られ、ほとんどの情報機器で常用漢字の三倍以上にあたる六千強もの漢字が使えるようになりました。それ以後も、機械で使える漢字の数は増えることはあっても減ることはありませんでした。そして機械を使って漢字かなまじり文を書く人は、自分が使っている漢字が常用漢字であるかどうかなどまず意識しませんし、そもそも「常用漢字表」の存在すら知らない人だって、世間にはたくさんいます。

こうして「常用漢字表」制定時の予想をはるかにこえて、社会での表外字の使用が日常化してきました。一般のビジネスマンや学生、あるいは主婦などが小さなパソコンや携帯電話などを自由に操作して日本語を書くことなど夢にも考えられなかった時代に定められた漢字規格が示す「常用性」が、近年になって大きくゆらぎはじめてきたのは、そう考えれば不思議でもなんでもありません。

「書く」から「打つ」へ

機械で日本語を書くようになって起きた最大の変化は、手書きではとうてい書けない難しい漢字でも、文章のなかに簡単に使えるようになった、ということです。

漢字を手書きで書いていたときには、漢字は覚えにくく書きにくい、まことにやっかいな文字でした。それがいまでは「憂鬱《ゆううつ》」や「語彙《ごい》」、「嫉妬《しっと》」、「顰蹙《ひんしゅく》」、「憧憬《しょうけい》」、「矍鑠《かくしゃく》」、「穿鑿《せんさく》」、「臥薪嘗胆」、「侃々諤々《かんかんがくがく》」、「喧々囂々《けんけんごうごう》」などなど、かつて手書きでは書けなかったことばも、そのことばを知ってさえいれば、キーをいくつか押すだけで簡単に画面に表示できます。

漢字はいつの間にか「書く」文字から「打つ」文字へと変化していました。画面上に表示される変換候補から正しい漢字を選ぶ能力さえあれば、誰でも簡単に難しい漢字を使うことができ、しかもクリックひとつできれいに印刷までできてしまいますから、字が下手であるからと文章を書くことに尻《しり》ごみすることさえなくなりました。

こうして漢字はいわば「使いたい放題」という状態にまでなりました。しかしそれは実は「両刃《もろば》の剣」であって、便利ではあるものの放置しておけば、めったに使われない難しい漢字が文章中にどんどん増えることになりかねず、そうなれば書く側と読む側でコミュニケーションに関して大きな問題が発生する危険さえあります。

情報機器の発達によって漢字は使いやすくなりましたが、しかしだからといって無制限に使ってよいというものでもありません。ではどれくらいの漢字使用が適正なのか、それを考えるためには新しい時代に対応した漢字使用の目安を決めて社会に示す必要があります。それが二〇一〇年の改定における最大の目的でした。

このような認識に立って改定された常用漢字では、「意味と使い方を正しく把握していれば、必ずしも手で書けなくともよい」という漢字を、近年の印刷物での使用頻度調査によって選び「常用漢字表」に加えました。具体的には「鬱」や「彙」、「溺」、「緻」などがそれにあたります。画数が多いこれらの漢字はこれまで「難しい漢字」とされてきましたが、常用漢字に入っていないからといって、「憂うつ」とか「語い」、あるいは「でき死」、「ち密」とまぜがきするより、「憂鬱」、「語彙」、「溺死」、「緻密」と漢字で書いたほうがわかりやすいという意見が従来から強くありました。それらの漢字はかつて表外字ではあったものの、印刷物における使用頻度がかなり高かったので、社会的に常用されていると認めて、常用漢字に追加されたというわけです。

一昔前までは必要な漢字をすべて手で書かねばなりませんでした。しかしこれからは、必ず手書きで書けなければならない一群の基本的な漢字群と、正しい読み方と使い方を把握さえしていれば、必ずしも手で正確に書けなくてもよい漢字群というように、漢字全体を二層の構造にわけ、そのどちらも日本語表記に必要な文字として視野に入れてゆくべきだと私は考えます。

④でも「鬱」や「彙」なんかが常用漢字になったら、これからの大学入試には書き取り問題に出るかもしれないんでしょ？

出題範囲はどう決まる？

高校や大学の入試では、しばしば「漢字の書き取り」が出題されますので、受験対策のために日ごろから漢字の書き取りを勉強している学生さんもたくさんおられることと思います。漢字の書き取りが出題されるのはもちろん国語の問題ですが、他にも世界史（特に中国史関連）や日本史、あるいは地理の教科書には、「王羲之」や「趙匡胤《ちょうきょういん》」（宋の建国者）、「康熙帝」などの人名、あるいは「韃靼《だったん》」とか「澶淵《せんえん》の盟」、「羈縻《きび》政策」（唐が周辺の異民族に対してとった政策。羈は馬の手綱、縻は牛の鼻綱のこと）、あるいは地名では「新疆《しんきょう》ウイグル自治区」とか「深圳《しんせん》」、「澎湖《ほうこ》列島」、書名では『蹇蹇録《けんけんろく》』（陸奥《むつ》宗光《むねみつ》が著した書物の名）というような難しい漢字が教科書に出てきます（ただしこれら難しい漢字を使うことばを実際の入試の答案でひらがなかカタカナで書いたらバツとされるか、あるいは減点されるかどうかは、おそらくケースバイケースでしょう）。

数式や化学式などが中心の自然科学の分野でも、難しい漢字がまったく使われないわけではありません。特に江戸時代までの医師はほとんどが儒学者でもありましたから、医学では「疣贅《ゆうぜい》」（イボのこと）とか「齲歯《うし》」（虫歯のこと）、「結紮《けっさつ》」（血管をしばること）など難しいことばがいまも使われます。さすがにこれらは学校の教科書には出てきませんが、高校生が学習する科目でも、たとえば化学では「濾過《ろか》」とか「坩堝《るつぼ》」、生物ならリスやネズミなどが該当する「齧歯類《げっしるい》」とか、チョウやガのように羽根が鱗粉《りんぷん》におおわれている「鱗翅目《りんしもく》」という用語が教科書に出ていますから、入試においてもそれらを漢字で書くことが要求されるかもしれません。

そんな世界史や化学など、国語以外の科目で使われる難しい漢字は、「常用漢字表」の「前書き」に「（常用漢字表は）科学、技術、芸術その他（中略）の表記にまで及ぼそうとするものではない」との定義に該当するので、表外字であってもそれぞれの分野で必要な漢字であると認定されれば、ルビ（読みがな）なしで使うことができます。このような学術用語を入試問題において、出題側がルビなしで問題文に使っても、決して「反則」ではありません。

しかし古典や漢文は除き、現代日本語に関する能力を問う領域では、常用漢字の範囲内で出題しなければなりません。というのは、高等学校の学習指導要領が、高校卒業までに「常用漢字の読みに慣れ、主な常用漢字が書けるようになること」と定めているからです。

前にも書きましたが、学習指導要領では「主な常用漢字」の字種が特定されていませんから、常用漢字表に入っている漢字なら、どの字を書き取り問題に出題してもかまわないということになります。そしてそのことを逆に考えれば、常用漢字表に入っていない漢字は建前としては高校では学習していないから、読み書きできなくてもしかたない、と考えられるというわけです。したがって、国語の問題文に使われている文章では表外字にはルビをつけることになっています。

意外にたくさんある表外字

ひとつ実例をお目にかけましょう。次に掲げたのは芥川龍之介《あくたがわりゅうのすけ》が一九一八年（大正七年）に発表した名作『蜘蛛《くも》の糸』の出だしの部分ですが、もしこの文章を大学や高校の入学試験で国語の問題文に使うなら、太字で示した表外字について、初出のところでルビをつけなければなりません。また常用漢字表はそれぞれの漢字について音読みと訓読みを定めており、字種が常用漢字であっても音訓が表に載っていないものは「表外訓」といって、学校では学習しないことになっているので、やはりルビをつけなければいけません（ここでは傍線を加えました）。

或日の事でございます。御釈**迦**様は極楽の**蓮**池のふちを、独りでぶらぶら御歩きになっていらっしゃいました。池の中に咲いている**蓮**の花は、みんな玉のようにまっ白で、そのまん中にある金色の**蕊**からは、何とも**云**えない好い匂が、絶間なくあたりへ**溢**れて居ります。極楽は丁度朝なのでございましょう。

やがて御釈**迦**様はその池のふちに御**佇**みになって、水の面を**蔽**っている**蓮**の葉の間から、ふと下の容子を御覧になりました。この極楽の**蓮**池の下は、丁度地獄の底に当って居りますから、水晶のような水を透き徹して、三途の河や針の山の景色が、丁度**覗**き眼鏡を見るように、はっきりと見えるのでございます。

するとその地獄の底に、**犍陀**多と**云**う男が一人、外の罪人と一しょに**蠢**いている姿が、御眼に止りました。この**犍陀**多と**云**う男は、人を殺したり家に火をつけたり、いろいろ悪事を働いた大泥坊でございますが、それでもたった一つ、善い事を致した覚えがございます。と申しますのは、**或**時この男が深い林の中を通りますと、小さな**蜘蛛**が一匹、路ばたを**這**って行くのが見えました。そこで**犍陀**多は早速足を挙げて、踏み殺そうと致しましたが、「いや、いや、これも小さいながら、命のあるものに違いない。その命を無暗にとると**云**う事は、いくら何でも可哀そうだ。」と、こう急に思い返して、とうとうその**蜘蛛**を殺さずに助けてやったからでございます。

『蜘蛛の糸』には「犍陀多《かんだた》」のほかそれほど難しい漢字は出てきませんが、それでもこれだけの表外字が出てきます。そして表外字といえば難しい漢字ばかりだろうと思われがちですが、実は意外な漢字も含まれています。

一九八一年に制定された常用漢字表には、ほとんどの高校生が読めるにちがいない「誰」や「嵐」、それに「闇」という漢字が入っていませんでした。だからその時代の入試問題でもし「嵐の闇夜にやってきたのは誰だ」という文章があったとすれば、その三文字にルビをつけなければなりませんでした。この三文字は二〇一〇年の改定ですべて常用漢字となりましたが、改定以後でも、日常生活のなかでそれなりによく使われる表外字があるのも事実で、たとえば「**贅**沢な**鞄**を**貰**った」という文では「贅」、「鞄」、「貰」にルビをつけなければなりませんし、「**渚**から**磯**にかけて**徘徊**する」では、「渚」、「磯」、「徘徊」にルビがつけられます。他にも「錐」や「嘘」、「釘」、「錨」、「埃」、「妓」、「姥」、「嬉」、「咳」、「噂」、「狼」、「猜」、「獅」などは一般的な社会生活でしばしば見かける漢字ですが、これらはいまも表外字であり、学習指導要領だけから考えれば、もしも高校生がこれらの漢字を読めなくても不思議ではないということになります。だから入試問題でこれらの漢字を問題文に使うときには、必ずルビをつけなければなりません。

大学入試の国語で出題される書き取り問題では、常用漢字表のすべてが出題範囲とされますから、「ぎょめいぎょじ」、「こせきとうほん」、「かいこのまゆ」を漢字に直せという問題がもし出されても、それは決して出題範囲を逸脱していることにはなりません。また改定された常用漢字表が中学校や高校の教科書に反映される時期について、文部科学省は中学高校ともに「平成24年度から全面実施する学習指導要領において適用」としています（「常用漢字表改定に伴う学校教育上の対応に関する専門家会議」）ので、その学習指導要領によって編集された教科書を使った学年の生徒が卒業するときから、新しい常用漢字表が試験問題に反映されることになります。だからあと数年後には、「ゆううつ」や「ごい」ということばを漢字に直せという書き取り問題が出題される可能性もある、といわなければなりません。

しかし常用漢字表はもともと「法令、公用文書、新聞、雑誌、放送など、一般の社会生活において、現代の国語を書き表す場合の漢字使用の目安」として定められたものですから、行政機関やマスコミなどが必要とする漢字を集めたものであって、はじめから教育的観点に立って高校卒業時までに学習し習得するべき漢字として選ばれたものではありません。いわば官庁の規格に教育が相乗りしている形であって、そのことを入試問題を作る側はもっともっとしっかりと認識する必要があるだろうと私は思います。少なくとも「ちん」や「ぎょめいぎょじ」、あるいは「とうほん」、「きんこ」（禁錮）というような、主に官庁が必要とすることばまで高校生全員が書けなければならないとまでは考えられないでしょう。

要は出題者が受験生に対してどのような漢字力を要求するのか、単に受験者に優劣をつけることを目的とした試験なのか、それとも常識的な社会生活を営むに足る漢字力を身につけているかどうかを見るための試験なのか、そのあたりを出題者たちがどのように理性的に判断するか、望ましい試験形態を考えるためにはそれを期待するしかないと思います。

ホームルーム
新しい時代と漢字

これからもまだ新しい漢字が作られるのですか？

産経新聞社がおこなっているイベントのひとつに、「創作漢字コンテスト」というものがあります。これは社会人・大学生の部と小・中・高校生の部にわかれていて、二〇一二年（平成二十四年）には第三回のコンテストが実施されました。その趣旨については募集要項を記載したホームページ（http://www.sankeisquare.com/event/kanjicontest_3rd/index.html）に「現代日本の世相や生活、将来への夢膨らむ漢字1文字を創作してください。漢字には、その訓読みと意味を必ず付記してください。創作漢字の形のほか読みも審査対象となります（音読みはあってもなくてもかまいません）」と述べられています。

実際に賞を取られた作品がホームページにたくさん掲げられていて、たとえば大阪府堺《さかい》市の堂村碧さんという十四歳のかたの作品は《犭》と《医》を組みあわせて「じゅうい」と読ませています。これには「イ」という音読みも添えられていて、実際の漢字の作り方でいう「会意兼形声」という方法にぴったりと合致しています。ほかにも大阪府羽曳野《はびきの》市の岡本弘子さんというかたの作品はタケカンムリの下に《姫》を配置して、「かぐやひめ」と読ませています（音読みは「キ」）。

ほかにもいろいろ豊かなセンスにあふれた「創作漢字」があって、これらを見ていると、長い歴史をもっている漢字がこれからの時代でも有効に機能しつづけるだろうということがはっきりと実感されます。

こんなものはお遊びだと思われるかもしれませんが、このような「創作漢字」が実際に使われている例として、私は以前、大阪でクサカンムリの下に《香》を置いた「漢字」を見たことがあります。そこは昨今流行のハーブを使った料理を出すレストランで、メニューにこの「漢字」があって、横に「ハーブティー」とルビがつけられていました。なるほど、いい香りのするお茶だから《茶》の上部と《香》か、なかなかうまく考えたものだなと感心したものですが、それから帰宅して調べたところ、「𦶜」という漢字が実は中国にはとっくにありました。

この字は中国で一〇〇八年に作られた『広韻《こういん》』という発音引きの字書に載っており、「野菜入りポタージュスープ」という意味が注記されていますから、一一世紀の中国にはこの漢字があったことは確実です。『広韻』は中国での標準的な漢字の発音を示す権威的な字書として広く使われたもので、約二万六千字が収められています。そこに「𦶜」という漢字が収められているのですが、もちろんこの漢字が、いつの時代に、どこの誰によって作られたかはまったくわかりません。またこの漢字が実際に文章や書物のなかで使われた例を見つけるのは非常に難しく、それはおそらくほとんど使われたことなどなかった文字と思われます。しかし『広韻』に載っているのですから、まったく使われたことがなくても、「萻」もれっきとした漢字であると、これまでなんの疑問ももたれずに認識されてきました。もちろん『大漢和辞典』とか『漢語大字典』など現代に作られた大きな漢字字典にもその字は収録されています。

いっぽう私が見かけた「ハーブティー」と読ませる「萻」は、たまたまあるお店で使われていただけのものですから、ほとんどの人は見たことがなく、そしてその字を見た人もおそらく誰かのアイディアで作られた「創作漢字」と認識するにちがいありません。

「萻」に使われている《クサカンムリ》や《香》は、昔もいまも、そして日本人にも中国人にも、非常によくなじまれている要素ですから、その二つを組みあわせようと考えるのは非常に自然なことです。そして過去の中国でその二つを組みあわせて作られた「ポタージュスープ」を意味する「萻」は、実際にはほとんど使われなかったにもかかわらず、字書に収録されたという理由だけで、正規の漢字とされてきました。しかしそれとまったく同じ形でありながら、もうひとつの「萻」は単にお遊び的な創作漢字としてしか認識されません。そのちがいは、単に二つの文字が作られた時代と地域がことなっているだけで、伝統的な字書のなかに入っていれば漢字で、新しい時代に特定の地域だけで限定的に使われていれば漢字ではない、ということになるわけです。

　ある個人が考えたままに新しく文字を作れば、その段階ではそれは創作漢字にしかすぎません。しかしその文字が強大な権力によって使用を強制され、社会に普及すれば、それが正

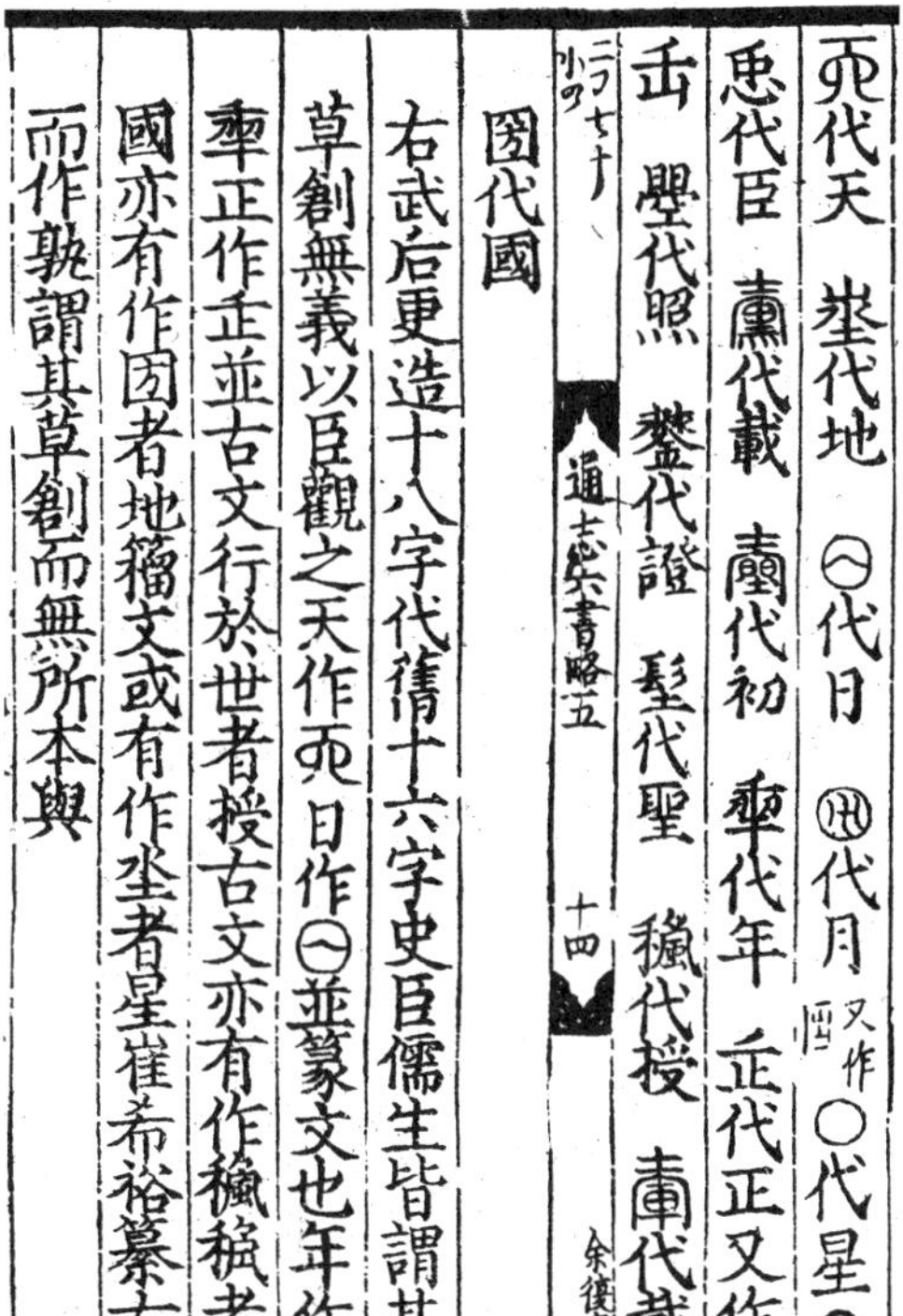

則天文字（『六書略』）

規の漢字と認識されることもあります。

かつてそんな「漢字」をたくさん作った（実際には作らせた）有名な人物がいました。それは中国の歴史上ただ一人、女性で皇帝となったことで有名な則天武《そくてんぶ》后《こう》（六二四—七〇五）です。

則天武后は唐の第三代皇帝であった高宗《こうそう》の皇后で、高宗がなくなったあとほしいままに権力をふるい、ついには皇位について国号を「周」とあらためました（六九〇年）。そして彼女は自分が新しい王朝を開いたことを象徴するために、新しい文字をたくさん作らせました。これを「則天文字」と呼びます。

則天文字には「𡆠」、「𡆠」（ともに「日」）、「𠥱」、「囝」（ともに「月」）、あるいは「埊」（「地」）などがありました。則天武后が漢字を作らせた意図は、新しい文字によって自分の権威の確立を目指すことにあったので、作られた文字には年号や皇帝の神聖性を示すものが多いのですが、しかしこれらの文字のほとんどは、〇などの記号や既成の漢字のヘンやツクリを適当に組みあわせた「こじつけ」の産物で、たとえば「地」は大地＝《土》の上に《山》や《水》があるという理由から「埊」と書かれ、また「臣」は君主への忠義の徳を一番にしなければならないとの考えから、《忠》の上に《一》を置いた「𢘑」が「臣」の代わりとして作られました。

権力者のわがままな思いつき以外のなにものでもない文字ですが、しかしそれが皇帝を中心とする強い権力によって、一時期には使用を強制されました。そのうちいくつかは日本にも伝わり、奈良の正倉院《しょうそういん》に保存されている写本にも則天文字が書かれているものがあります。しかし彼女が権力を失いはじめるとともに、則天文字はほとんど使われなくなってしまいました。

そんななかでただひとつだけ、いまの日本でも使われている「漢字」があります。それは江戸時代の水戸藩で第二代藩主となった徳川光圀《とくがわみつくに》（一六二八―一七〇〇）の名前に使われた「圀」です。

光圀は明から朱舜水《しゅしゅんすい》という学者を招いたり、日本ではじめてラーメンや餃子《ギョーザ》を食べた中国通の人物でしたから、則天文字についてもちゃんとした知識をもっており、だからこそ彼の時代より一千年近くも前にほろんでしまった文字のひとつを自分の名前に使ったのでしょう。その光圀が「水戸黄門漫遊記」という講談に描かれ、近年にはテレビの時代劇で「水戸のご老公」として茶の間にまで知られる人物となりました。水戸黄門の物語が人気を博するにつれて「光圀」という名前が日本国中に知れわたり、いまではパソコンや携帯電話でも簡単に表示できるようになっていますが、中国ではその後まったく使われていないので、「圀」という漢字がわかる中国人はめったにいません。

ところでこの「圀」は《囗》と《八》と《方》に分解できますが、それについて、この字が作られた背景が次のような話で伝わっています。

則天武后が皇帝になってまだそれほど時間がたっていないころ、ある家臣が上奏文を提出し、「國」（「国」の旧字体）は《囗》と《或》からできているが、《或》は「惑」（まどう）に通じるので、「國」は天を惑わし乱すという意味になって不吉でよろしくない、そこで《或》の代わりに《武》（則天武后の姓）を入れるようにあらためられるがよろしかろう、との意見を述べました。つまり国の中心に武氏がすわっている形を示す文字を作れというわけで、いうまでもなく則天武后にゴマをすった発言ですが、武后はその提案に大喜びし、さっそく「國」の代わりに《囗》と《武》を組みあわせた「[囗＋武]」という文字を作らせました。しかしそれからほどなく別の者が上奏文を提出し、「[囗＋武]」は《人》が《囗》のなかに閉じこめられている「囚」と同じ構造で、武氏が《囗》のなかに閉じこめられている形だから縁起が悪い、と指摘しました。武后は驚いてさっそく「[囗＋武]」を廃止し、その代わりに《囗》のなかに世界全体を表す「八方」ということばを入れた文字を作らせました。それが「圀」であるというわけです。

この「圀」はもともと「國」の代わりとして作られたものですから、「國」の異体字（同じ発音、同じ意味でちがう書き方の漢字）と考えるべきで、実際には「水戸光圀」という固有名詞しか用例がありませんが、しかしもちろん正規の漢字です（漢和辞典では「国」のところに収められています）。

「圀」は、漢字の作り方のひとつである「会意」の方法で作られています。会意については前に「鳴」という漢字で説明しましたが、《人》と《言》を組みあわせて「信」（まこと、誠実）を作るというような方法で、ほかにも《田》と《力》を組みあわせて「男」を作り、《貝》（財産とか金銭を意味する）と《分》（わける）で「貧」という漢字を作るような例があります。「圀」以外の則天文字でも、「埊」（地）や「恵」（臣）は同じように会意で作られており、そして私が見かけた創作漢字であるハーブティーの「萫」も、それとまったく同じ方法で作られています。

「圀」は皇帝を中心とする国家権力によって強制的に社会に普及させられ、きわめて多くの人々がそれを「くに」という意味で使いました。それに対して、「萫」のほうはある特定の場所で、一部のかぎられた人に意味を伝えるためだけに使われています。「萫」は日本語を表記するための文字としてまだ社会的に認知されていないので、現在では正規の「漢字」とはいえません。しかしもしも、全国で大量に発行されている新聞や、読者が非常にたくさんいる雑誌などで、「ハーブティー」という飲み物を表すマークとして「萫」が使われるようになり、それをきっかけとして大多数の人が「萫」を「ハーブティー」という意味で理解し、多くの人が日本語を書くときにそれを使うようになったとすれば、その段階で「萕」は「漢字」になったと認定できる、と私は考えます。

突拍子もない暴論と思われるかもしれませんが、しかし絶対にありえない話というわけではありません。実際にそのような経緯で社会に定着してきた漢字は、これまでにもたくさんありました。

私たちが使っている漢字のほとんどは、紀元前何百年という非常に古い時代に文字として社会に定着したものです。しかしなかには唐とか宋という時代に社会に定着した新しい漢字もありますし、一四ページに紹介した元素記号を表す漢字の多くは、近代になってから作られたものです。そしてそれが現代の日本では起こりえないという保証は、実はどこにもありません。

《少》（すくなくする、へらす）と《毛》を組みあわせた「毟」（むしる）という漢字は、中国の字書には見えませんから、日本人が作った漢字（国字）と考えられます。ただし最初に《少》と《毛》を組みあわせて、「むしる」という意味を表そうと考えたのが、どこの誰であったかはもちろんわかりません。

「毟」は常用漢字表に入っていませんので、いまの学校では習わない漢字です。だからその漢字を見たことがない小中学生、あるいは高校生も、世間にはいっぱいいるにちがいありません。そして「毶」という漢字をこれまで一度も見たことがないどこかの中学生が、日常生活でしょっちゅう使っている《少》と《毛》という要素を組みあわせれば「髪の毛をかきむしる」という意味を表せると考えて、「毶」という形を思いついたとしても、まったく不思議ではありません。その場合、その中学生にとって「毶」は創作漢字になりますが、しかしそれとは別に、彼が知らないところではずっと前から、「毶」という漢字がすでに存在していました。

『広韻』に見えるポタージュスープの「蓍」と、ハーブティーを表す創作漢字の「蓍」は、それとまったく同じケースなのです。

漢字であるか否かは、ある形が一定の意味を表すものとして、どれほどたくさんの人に認知されているか、つまり社会的な普及の度合いによって決定されます。

中国語に「約定俗成」という成語があります。これはなかなか日本語に訳しにくいことばなのですが、あえて訓読すれば「約定まりて俗成る」となり、訳せば「みんなのすることや、新しく作られた文字やことばがやがて社会に定着して一般化する」という意味です。

文字こそはまさにその「約定俗成」の代表的な産物です。中国や日本で常用されてきた漢字は、すべてそのように「約定俗成」されたものにほかなりません。

地表からそびえ立つ「ヤマ」を表す漢字は、「△」と書かれても、「▲」と書かれても、さらには「凸」と書かれてもよかったはずなのに、しかしそれが実際には「」という形に書かれ、その後の長い時間の流れのなかで、書体の変化とともに字形が変わって、いまでは「山」という字形ただひとつだけで書き表されるようになりましたが、それはいつの時代においても字形が「約定俗成」されて、社会に定着したからです。同じように「さかな」を表す漢字は、メダカを描いてもヒラメを描いても、極端なことをいえばチョウチンアンコウの形でもよかったのに、実際には「」という形に書かれ、それ以外の形に書かれることはありませんでした。

漢字にかぎらず、文字は辞書や博物館のなかで死蔵されるのではなく、実際に社会で大勢の人に使われてこそ価値があるものです。ましてこれからの日本では、情報化時代に対応して、よりコンパクトな形で瞬時に意味が理解できる情報伝達のツールが必要になってきます。そう考えれば、現代社会に対応する新しい「漢字」があちらこちらでおおいに役割を発揮できる可能性が大きいにちがいありません。これからも新しい「漢字」が、新しい時代の意義に即して社会に登場してくることを私は希望しています。

阿辻哲次（あつじ・てつじ）

1951年，大阪府生まれ．京都大学大学院文学研究科博士課程修了．静岡大学助教授等を経て，現在，京都大学大学院人間・環境学研究科教授．専攻・中国文化史．文化審議会国語分科会委員として常用漢字改定作業に参加．
著書『部首のはなし』（中公新書）
『部首のはなし２』（中公新書）
『近くて遠い中国語』（中公新書）
『図説漢字の歴史』（大修館書店）
『漢字の社会史』（吉川弘文館）
『漢字逍遥』（角川 one テーマ21）
『漢字と日本人の暮らし』（大修館書店）
『新装版 漢字学』（東海大学出版会）
『戦後日本漢字史』（新潮選書）
『漢字の相談室』（文春新書）
『漢字文化の源流』（丸善）
ほか

漢字《かんじ》再入門《さいにゅうもん》
中公新書 *2213*

2013年４月25日初版
2017年６月５日再版

著　者　阿辻哲次
発行者　大橋善光

本文印刷　三晃印刷
カバー印刷　大熊整美堂
製　　本　小泉製本

発行所　中央公論新社
〒100-8152
東京都千代田区大手町 1-7-1
電話　販売 03-5299-1730
　　　編集 03-5299-1830
URL http://www.chuko.co.jp/

Published by CHUOKORON-SHINSHA, INC.
Printed in Japan　ISBN978-4-12-102213-4 C1281

中公新書刊行のことば

いまからちょうど五世紀まえ、グーテンベルクが近代印刷術を発明したとき、書物の大量生産は潜在的可能性を獲得し、いまからちょうど一世紀まえ、世界のおもな文明国で義務教育制度が採用されたとき、書物の大量需要の潜在性が形成された。この二つの潜在性がはげしく現実化したのが現代である。

いまや、書物によって視野を拡大し、変りゆく世界に豊かに対応しようとする強い要求を私たちは抑えることができない。この要求にこたえる義務を、今日の書物は背負っている。だが、その義務は、たんに専門的知識の通俗化をはかることによって果たされるものでもなく、通俗的好奇心にうったえて、いたずらに発行部数の巨大さを誇ることによって果たされるものでもない。現代を真摯に生きようとする読者に、真に知るに価いする知識だけを選びだして提供すること、これが中公新書の最大の目標である。

私たちは、知識として錯覚しているものによってしばしば動かされ、裏切られる。私たちは、作為によってあたえられた知識のうえに生きることがあまりに多く、ゆるぎない事実を通して思索することがあまりにすくない。中公新書が、その一貫した特色として自らに課すものは、この事実のみの持つ無条件の説得力を発揮させることである。現代にあらたな意味を投げかけるべく待機している過去の歴史的事実もまた、中公新書によって数多く発掘されるであろう。

中公新書は、現代を自らの眼で見つめようとする、逞しい知的な読者の活力となることを欲している。

一九六二年一一月

中公新書

言語・文学・エッセイ

j1

433 日本語の個性 外山滋比古
533 日本の方言地図 徳川宗賢編
500 漢字百話 白川 静
2213 漢字再入門 阿辻哲次
1755 部首のはなし 阿辻哲次
2430 謎の漢字 笹原宏之
2341 常用漢字の歴史 今野真二
2254 かなづかいの歴史 今野真二
2363 外国語を学ぶための言語学の考え方 黒田龍之助
1880 近くて遠い中国語 阿辻哲次
742 ハングルの世界 金 両基
1833 ラテン語の世界 小林 標
1971 英語の歴史 寺澤 盾
2407 英単語の世界 寺澤 盾
1533 英語達人列伝 斎藤兆史
1701 英語達人塾 斎藤兆史
2086 英語の質問箱 里中哲彦
2165 英文法の魅力 里中哲彦
2231 英文法の楽園 里中哲彦
1448 「超」フランス語入門 西永良成
352 日本の名作 小田切 進
212 日本文学史 奥野健男
2285 日本ミステリー小説史 堀 啓子
2427 日本ノンフィクション史 武田 徹
563 幼い子の文学 瀬田貞二
2156 源氏物語の結婚 工藤重矩
1787 平家物語 板坂耀子
1798 ギリシア神話 西村賀子
1254 ケルト神話と中世騎士物語 田中仁彦
2382 シェイクスピア 河合祥一郎
2242 オスカー・ワイルド 宮﨑かすみ
275 マザー・グースの唄 平野敬一
2404 ラテンアメリカ文学入門 寺尾隆吉
1790 批評理論入門 廣野由美子
2251 〈辞書屋〉列伝 田澤 耕
2226 悪の引用句辞典 鹿島 茂